RENAISSANCE Verlag Marburg

Der Autor

Dr. phil. Fritz Mädler blickt auf ein erfülltes Berufsleben als Mathematiker in einem Berliner Forschungsinstitut zurück. Seit seiner Pensionierung widmet er sich verstärkt den Graubereichen des Daseins und betrachtet sie im Brennglas seiner nicht nur vergnüglichen Erzählungen und Gedichte.

Für Hanne

FRITZ MÄDLER

EINE MUSIKALISCHE KINDHEIT

GESCHICHTEN UND GEDICHTE HART AM LEBEN

RENAISSANCE-VERLAG MARBURG

Bibliographische Information der Deutschen Nationalbibliothek
Die Deutsche Nationalbibliothek verzeichnet diese Publikation in der Deutschen Nationalbibliographie – bibliographische Daten sind im Internet über http://dnb.de abrufbar.

solmser str. 21 * 35578 wetzlar
info@renaissance-verlag.de
www.renaissance-verlag.de
redaktion: carsten s. leimbach (m.a.)
lektorat: tanja simonsen
umschlaggestaltung: lla & ppn-design
bildmotiv: Stefan Heerdegen/www.pixelio.de
made in germany
ISBN: 978-3-939442-85-1

Inhalt

Eine musikalische Kindheit

Mein Großvater, der Justizwachtmeister Remigius Michalik, liebte das Musizieren. Es heißt, Musik und Mathematik seien schwesterliche Künste, weil sie dieselbe verborgene Ordnung hinter den Dingen ausdrücken; es sei ja nicht von ungefähr, dass sich hinter Bachschen Werken mathematische Gesetze verbergen. Solche Umwege lagen meinem Großvater fern. Vom schlesischen Lande geprägt und unverbildet, sah er sich als Hüter und Vollstrecker einer gottgewollten Ordnung, zog Lebenssinn und besonnenen Stolz aus seinem Beruf. Noch bis in den Krieg hinein hatte er im Glatzer Quartettverein gesungen. Musik sei ein Geschenk der Himmelschöre, so wertvoll wie das Leben selbst. Sie gehöre ja zu uns – so wesentlich wie für den Vogel der Gesang oder das erregte Grunzen fürs Schwein. Für ihn schloss Musikalität alles Akustische ein. Nicht ohne Bewunderung erzählte er von Backenbläsern, wie er sie 1937 anlässlich der Weltausstellung auf Pariser Märkten erlebt hatte: Sie streckten der Menge das entblößte Hinterteil entgegen, walkten die Gesäßmuskeln und bliesen die Marseillaise. Remigius Michalik hat von Johann Sebastian Bach wohl nichts gehört und seine Mathematik endete bei den geordneten Schemata der Grundrechenarten, die er mir vergnügt und mit Sorgfalt aufschrieb, samt Neunerprobe und Elferrest.

„Du pfeifst falsch!“, schrie er den Wind an, der uns 1946 im Westen begrüßte und letzte Schneeschauer jenes Winters durch den Osnabrücker Bahnhof fegte. „Sperr die Ohren auf!“, holte er mich aus meinem Kindertrott. Mal belohnte mich ein heiserer Fasanenschrei, mal das anschwellende Fauchen der Teutoburger-Wald-Eisenbahn; auf der Fahrt zur Versmolder Fleischfabrik schnitt sie sich durch Wiesen und Felder des Streudorfs, das die neue Bleibe sein sollte.

Er sang für sein Leben gern. Erst recht nach der Vertreibung, die ihn und mich – die Restfamilie – in diese abgelegene Gegend verschlagen hatte. Bis zur Entnazifizierung gingen wir zu den Waldarbeitern, Vertriebene wie wir oder ehemalige Kriegsgefangene, Franzosen, Polen, strohblonde Ukrainer

– verschmitzte Burschen, die es so kurz nach dem Krieg mit der Heimkehr nicht eilig hatten; zuhause galten sie als Kollaborateure oder fürchteten gar zweifelhafte Desertionsprozesse ihrer Armee.

Tagsüber im Wald wurden wir mit deftigen Speckbroten entlohnt, abends mit einer Mahlzeit auf der Bauerndiele, wo es sauer stank nach eingelagerten Runkelrüben, aber herrlich warm war vom Vieh. Bald besangen die Schlesier die blauen Berge und die grünen Täler des Riesengebirges, die Ostpreußen kristallene Seen und lauschende Elche, die Fremdarbeiter gaben schwermütige Weisen zum Besten, übersetzten radebrechend Lieder von schwarzen Augen, von Abendglocken oder vom Wolgafluss, und den Bauersleuten wars ganz recht, weil sich die Kühe bei solch heimwehbeseeltem Gesang gut melkten. Nur Pascal, der das Knopfakkordeon wie seinen Augapfel hütete, spielte schwungvolle Walzer und schwärmte vom weiten Paris, zwinkerte mit Lene. Wenn es am Schönsten war, nahm Großvater die lange Zugsäge zwischen die Knie, bog und strich sie mit dem Flitzbogen, den er mir geschnitzt hatte, und entlockte dem wabernden Stahlblatt ein Ständchen, das wir zweistimmig sangen:

"Ich bin nur ein armer Wandergesell,
gute Nacht, liebes Mädel, gut' Nacht!
Gar dünn ist mein Wams und gar dick ist mein Fell,
gute Nacht ..."

Im Frühjahr traten wir so auf Bauernfesten auf: ein hagerer Endfünfziger mit gezwirbeltem Schnurrbart und verschlissener Justizuniform, der die Zugsäge strich; an seiner Seite ein spacker Knabe in löchrigen Galoschen, der nach den Buttercremetorten schielte und mit seinem Kindersopran altklug von der Liebe sang:

„Ännchen von Tharau ist's die mir gefällt,
sie ist mein Leben, mein Gut und mein Geld ..."

Wir vermissten, jeder auf seine Weise, die umgekommenen Familienmitglieder, besonders Mutter und Großmutter. Der gefallene Vater fehlte mir damals kaum; ich hatte ihn ja nicht erlebt – Großvater war der beste Vater, den ich mir vorstellen konnte. Weit mehr als ich litt er an der Zwangsumsiedlung;

ich hatte ja meine Wurzeln noch in keine Erde gesenkt. Die Vertreibung verwundete ihn in seinem Gefühl für Gerechtigkeit, empörte ihn, weil sie Kriegsschuld und Kriegsfolgen so einseitig bei den Deutschen der Ostgebiete ablud. In seine Trauer mischten sich stets Tränen der Wut. „Wär ich doch jünger!“, klagte er bitter, „wir könnten auswandern, nach Kanada. Oder nach Australien!“

Als Pascal sich im Herbst für die Rückkehr nach Frankreich rüstete, schmiedete ich Pläne:

„Großvater, wir können doch mit nach Paris ziehn und auf den Märkten singen.“

„Sei kein Dummkopf!“, sagte er und tätschelte mir den Nacken, „willst du, dass sie uns teeren und federn!“

Die Frage erledigte sich bald, weil er eine neue Wachtmeisterstelle fand, am Amtsgericht Iburg, das dort im ehemaligen Klosterschloss residierte. Wir bekamen sogar die Hausmeisterwohnung, weil er Gericht und Kirche heizen sollte. So verließen wir im Oktober 1946 eine zugige Häckselkammer samt Plumpsklo draußen hinterm Pferdestall und stiegen auf zu zwei feudalen Zimmern im Schloss, mit einer eigenen Küche und einem eigenen Bad mit Spülklosett und Emaillewanne.

„Jetzt brauchen wir die Not nicht mehr zur Schau stellen!“, verkündete Großvater voller Genugtuung. Aber die wehmütigen Liederabende behielt er bei, hielt sich fest am Heimweh. „Heimatvertriebene und Entrechtete müssen zusammenhalten!“, beschied er und lud in die neue Wohnung ein.

Da hockten wir in bedrückender Stimmung und sangen: die Alten von der fernen Heimat, die Kriegswitwen von verlorener oder verschmähter Liebe, die Hitlerjungs wollten Soldatisches – lauter unwahre Lieder, die das Erlebte verfälschten und verklärten. Die Jüngeren blieben bald weg, und bald begann auch ich mich zu langweilen.

Großvater spürte wohl, wie ich nach und nach den Trauergesängen entwuchs, wollte mir freudvollere Töne bieten; er tat es auf seine Weise.

Er nahm mich mit in die alte Schlosskirche.

„Ein jeder Raum hat seinen Ton!“, sagte er und stellte sich ins Mittelschiff. Stand mit lockeren Knien und summte vor sich hin. Wusste nichts vom Resonanzgesetz, fand trotzdem den Ton, den der Raum besonders verstärkt. Wusste nichts von pythagoräischen Skalen und Frequenzverhältnissen hinter Naturtönen, formte einfach einen offenen nasalen Klang zwischen A und O, von dem sich klar und deutlich höhere Töne abspalteten – machte sich ganz zum Instrument, sang sich rauf und runter durch die Reihe dieser Töne, die losgelöst in der Höhe siedelten, obwohl ich doch sah, wie er sie mit Kieferbewegungen erzeugte.

„Das war das Vorspiel“, stellte er zufrieden fest, genoss mein Staunen. Dann holte er endlos Luft, gab in den Knien weiter nach. Ein voluminöses Knarren löste sich aus seiner Brust, schwoll zu einem breiten, röhrenden Ton an – tiefer als alles, was ich je an menschlicher Stimme vernommen hatte. Der Zwirbelbart vibrierte und bedrohlich traten die Halsschlagadern hervor. Einen langen Atem lang war der sakrale Raum erfüllt von dem urwüchsigen Klang, mit dem Großvater die barocke Kirchenarchitektur zum Duo bat.

„Sieh zu, dass du deinen Stimmbruch kriegst", krächzte er und rang nach Luft, „dann bring ich's dir bei!"

Er hat meinen Stimmbruch nicht erlebt.

Am 5. Dezember 1947, nach einer eisigen Nacht, stieg er wie gewohnt um fünf hinab in den Heizkeller, schaufelte zentnerweise rußenden Nachkriegskoks in die mannshohen Öfen. Als ich aufwachte, war er noch nicht zurück.

Ich fand ihn zusammengesunken vor einem der Kessel, das Gesicht im Schein der Ascheluke; mit offenem Mund, als wollte er selbst den Tod noch einladen zu dem kraftvollen Gesang, mit dem er mich in der alten Schlosskirche so bleibend beeindruckt hat.

Mit siebzehn machte ich mich auf nach West-Berlin, holte dort später mein Abitur nach, studierte Mathematik und Physik – wegen der verborgenen Ordnung hinter den Dingen.

Die wundersame Begabung für Naturtöne habe ich von Remigius Michalik nicht geerbt – aber ich weiß jetzt, wie's funktioniert.

Für Galina Lysenko aus Rostow am Don,
wo man die schwarzen Vögel kennt

Die Porzellandose des Tobias Laufer

Für meinen Sohn Tobias

Als ich vierzehn wurde, 1955, schenkte mir Großvater eine kleine Porzellandose:

„Deinem Vater konnte ich sie ja nicht mehr vermachen – jetzt sollst du sie haben!“

Ich nahm den Deckel ab, der mit Blättern und Beeren vom Himbeerstrauch kunstvoll bemalt war – die Dose war leer. Der geschwungene Goldrand zeigte etliche Stoßstellen, und unterm Boden, wo sich zwei eingebrannte blaue Schwerter kreuzten, klaffte in einem der drei Füßchen ein Sprung.

„Heb sie nur gut auf“, mahnte er, „sie birgt ein Geheimnis, das du bald verstehen wirst.“

Ich sah ihn fragend an, aber zu mehr ließ er sich nicht bewegen:

„Wirkliche Geheimnisse darfst du niemals preisgeben – zur rechten Zeit offenbaren sie sich von selbst. Verrätst du sie zur Unzeit, verlieren sie ihre Kraft."

Großvaters beharrliches Schweigen verblüffte mich, so standhaft und unerweichlich hatte ich ihn noch nie erlebt. Solange ich zurückdenken konnte, hatte er mir nie eine Antwort verweigert, hatte er mir meine Fragen immer geduldig und ausführlich beantwortet.

Auch die quälenden Fragen. Die Angstfragen. Fragen, die Kriegskinder stellen – nach dem Krieg, wenn das äußere Leben sich wieder beruhigt und die Schrecken hochkommen.

Es war im Frühjahr 1946, ein paar Wochen nach der Vertreibung aus der schlesischen Heimat, als mich am helllichten Tage Erinnerungsblitze überfielen, verstümmelte Zerrbilder aus unverstandenen Kriegs- und Nachkriegserlebnissen, blutgetränkte Ereignisfetzen, die mich bedrängten, ja plagten.

„Du wirst wohl die Trecks mit den Verwundeten gesehen haben, die sie im letzten Kriegswinter zu uns nach Glatz schafften. Hast keine Erinnerung daran, hast es wohl vergessen ... du warst noch klein. Wir wohnten ja an der Straße zum Lazarett."

„Und die blutverschmierten Türen und Fenster?"

„Weißt du's nicht mehr? Du warst doch dabei, du hast es bestimmt mitbekommen. ... Du musst es gesehen haben, du würdest ja sonst nicht fragen."

Mutter hatte viele Erinnerungen. So kurz nach der Vertreibung sprach sie noch darüber – widerwillig; Großvater musste ihr alles aus der Nase ziehen.

„Das war letztes Jahr im Sudetengau, am 8. Mai", sagte sie.

Das NS-Mütterwerk hatte Frauen und Kinder noch kurz vor dem Kriegsende in die Sudeten geschafft. Im Zug gab es viele deutsche Soldaten, auf der Flucht vor der Sowjetarmee wollten sie über die Tschechei nach Bayern – zu den Amerikanern, oder wenigstens zu den Briten. Am Tag der Kapitulation geriet der Transport in einen Kessel sowjetischer Truppen.

„Die SS-Männer fingen damit an", sagte Mutter, „die anderen machten es ihnen nach. Sie tranken Schnaps, begossen sich die Arme und schnitten sich die Adern auf, dass es spritzte. Besudelte Abteile voll grölender deutscher Soldaten – Führer wir folgen dir!"

„Das wirst du gesehen haben“, sagte Großvater, „das wird das Blut an den Türen und Fenstern sein.“

„Die Russenweiber haben die Soldaten bespuckt und geohrfeigt“, sagte Mutter.

Solche Bilder kamen mir erst viel später.

Wenn die Schreckblitze über mich herfielen, oft über Tage ein und dasselbe Ereignis, wurde ich vorher ganz dumpf und taub – gefühlstaub vor dem drohenden Einschlag. Ich musste das alles erlebt haben, denn die Bildfetzen verloren an Schrecken, kamen seltener, wenn wir sie mit tatsächlichem Geschehen verbinden konnten.

Eine Zeit lang blitzte eine leere, grellweiße Wand vor mir auf. Wir brauchten etliche Wochen, um das Erlebnis zu finden – Großvater hatte es auch vergessen! Immer wieder dachten wir zurück; dann saß er grübelnd da und strich sich mit Daumen und Zeigefinger den Schnurrbart zur Seite.

„Ob es Schnee ist?“, fragte er und zählte Ereignisse auf, die bei der Vertreibung passiert waren.

Er rief mir das Gedränge und Geschiebe auf dem verschneiten Glatzer Bahnhof ins Gedächtnis, wollte wissen, ob mir die polnischen Milizionäre was getan hatten.

„Sie hatten braune Uniformen an und trugen rote Armbinden – mit Knüppeln und Gewehren haben sie uns in die Güterwaggons gedrängt, erinnerst du dich?“

Ich konnte mich gut daran erinnern, wie wir den Glatzer Brücktorberg runter mehr schlidderten und rutschten als liefen; wie die Glocken der Minoriten-Kirche im Schneetreiben blechern klangen; wie die alte Frau Nitschke auf der Neissebrücke vor dem steinernen Brückenheiligen auf die Knie fiel und man sie fast zertrat; wie wir den überfüllten Bahnhof erreichten und eine Schwangere schrie und sich schwarze Haarbüschel ausriss; wie Mutter mich eisern an der Hand hielt, dass es schmerzte; wie Großvater das Gepäck in einen Waggon am Zugende bugsierte und mich hinterherschob, wie er selbst hereingeklettert kam und Mutter hochzog; wie er mich für die Nacht auf den zwei Koffern festband, mir meinen Rucksack als Kissen gab; wie mich die quietschenden Puffer weckten, als die Lok sich mitten in der Nacht fauchend in Bewegung setzte – all das erinnerte ich. Aber die grell hereinzuckende weiße Wand blieb, sie veränderte sich nicht. Hörte nicht auf, mich schon vorher zu lähmen, bevor sie mir für Augenblicke die Welt verstellte und mich ins Bodenlose stürzte – plötzlich und immer wieder.

„Vielleicht hat dich unterwegs was erschreckt? Wenn der Zug hielt und die Lok wegfuhr, sind wir gerannt und haben um Nahrung gebettelt ... auf eingeschneiten Höfen. ... In verlassenen Häusern haben wir nach Essbarem gesucht ... oder in den Schneewäldern nach Holz."

Großvater holte den ganzen Transport aus mir raus. Das ängstliche Warten auf dem toten Gleis, als das Gerücht aufkam, es ginge jetzt wohl doch nach Osten – nach Sibirien; den alten Nachbarn, der eines Nachts röchelte und an seiner Erkältung starb, den wir zum Schutz vor dem Wild nur mit Schnee bedecken konnten, weil die polnischen Wachen die Spitzhacken nicht rausrückten; die beschämende Notdurft beim Halt am Morgen – im Pulk dicht am Zug, der gleich losfahren sollte; die kalte Behandlung durch die britischen Soldaten im Durchgangslager Kohlfurt, die Entlausung von allen im gleichen Barackenraum – Alten wie Jungen.

„Erst sprühten sie uns giftiges Zeugs in die offenen Kleider, dann mussten wir uns nackt ausziehen und die Sachen in den Dampfkessel geben – dabei hatten wir gar keine Läuse. Das Geschiebe unter den Brausen war schlimm. Hinterher haben wir uns um die Schuhe geschlagen."

An das meiste konnte ich mich erinnern, aber die weiße Wand blieb unverändert.

Mutter mochte bald nicht mehr, machte Großvater Vorwürfe:

„Hört auf mit den alten Gräueln. Was soll der Junge damit anfangen. Verschon ihn – siehst du nicht, dass du ihn quälst!"

Aber Großvater hatte eigene Erfahrungen – er kämpfte selbst mit einem Granateneinschlag, der ihn im Ersten Weltkrieg verschüttet und fast erstickt hatte, kämpfte selbst ein Leben lang mit der Narbe auf seiner Brust.

„Nur wenn man sich erinnert, hört es auf", beharrte er, und ich gab ihm Recht: Ein vertrauter Schreck war viel weniger schlimm und fuhr mir nicht so in die Glieder wie ein unbekannter neuer oder einer, den ich nicht gleich erkannte, weil sich der Anblick verändert hatte oder weil etwas am Geschehen deutlicher geworden war.

„Der Junge ist ja schon völlig starr", warf Mutter ihm vor, „er flennt nicht mehr."

Nein, der Junge flennte nicht mehr. Nicht, dass der Junge tapfer war – in meiner Dumpfheit gab es keine Tränen.

„Das wird wieder", antwortete Großvater, „das Weinen kommt schon noch."

Großvater konnte weinen, verbarg seine Tränen nicht.

„Es ist die Not", sagte er, wenn ihm unversehens das Wasser in die Augen schoss. Oder: „Es ist das Heimweh", wenn es ihn schüttelte.

Mutter weinte anders, wollte nicht, dass wir sie so sehen. Damit der erlösende Weinkrampf kam, musste sie alleine sein, schickte uns raus aus der Kammer, die die neue Bleibe war – raus aus der Häckselkammer neben dem unruhigen Vieh, auf einem großen Bauernhof in einem abgelegenen Streudorf in Niedersachsen.

„Es sind die Nerven", sagte Großvater.

Wir warteten auf der Diele, bis ihr Wimmern kam. Kurz bevor sie schrie, ging Großvater zu ihr hinein und hielt sie fest. Ich blieb draußen, lugte durch die klaffenden Ritzen der Tür. Ich sah ihren Schmerz – begriffen habe ich ihn erst Jahre später. Ihre wohlhabenden Eltern hatten sie verwöhnt und behütet. Sie ging noch aufs Lyzeum, als mein Vater und sie sich verliebten. 1940, auf Heimaturlaub aus dem Krieg in Frankreich, drängte der schmucke Berufssoldat auf Heirat – da war sie 18. Viel Ehe hat es nicht gegeben; mit 19 war sie Kriegerwitwe und

Mutter, stand da mit mir. Am Krieg und seinen Folgen drohte sie zu zerbrechen. Dass es vielen ähnlich schlecht und schlechter ging, half ihr wenig. In den Wochen nach der Vertreibung behielt sie nichts bei sich – erbrach, was Großvater gekocht hatte: die Runkelsuppe, das Brennnesselgemüse, die Löwenzahnblätter. Verschmähte die erbettelten Schweinekartoffeln, vertrug die ausgekochten Speckschwarten nicht. Magerte ab, wurde immer weniger, verlor alle Kraft:

„Lasst mich gefälligst zufrieden mit diesen alten Geschichten ... es hilft ja nicht! Vorbei ist vorbei!"

Großvater und ich suchten beharrlich weiter, die Schreckattacken ließen uns keine Wahl – dass sie ausgerechnet durch die Anwesenheit dieses gutherzig sorgenden Mannes so gehäuft auftraten, fiel uns damals noch nicht auf.

„Vielleicht liegt es viel früher", sagte er, „zwischen dem Einzug der Polen und der Vertreibung – es kamen ja nicht nur gute Polen."

„Gerächt haben sie sich ... geraubt, gemordet", klagte Mutter.

Es war noch längst nicht vorbei, für keinen von uns.

Großvater führte mich durch den Nachkriegswinter 1945/46, der bitterkalt geworden war. Schon Anfang November hatte es reichlich Schnee gegeben.

„Die paar Kohlen hatten sie uns längst geklaut", sagte er. „Erinnerst du dich noch, wie wir das Holz beschafft haben?"

Nach und nach erinnerte ich mich an die täglichen Schlittenfahrten, oben vom Schrebergarten an der Glatzer Festung runter zur Schwedeldorfer Straße – meist abends, denn Großvater arbeitete als Dolmetscher in der Polnischen Kommandantur. Im Garten hatte er einiges an Brettern und Bohlen versteckt, er wollte die windschiefe Gartenlaube erneuern – unterm Schnee drohte sie zusammenzubrechen. Vorn am Tor stand ich Schmiere, hinten im Garten sägte Großvater das Holz auf Schlittenlänge. Wenn wer kam, taten wir harmlos – ein alter Mann mit seinem Enkel beim Wintervergnügen. Wir packten eine Schicht Gesägtes auf den Schlitten und versteckten es unter der verschlissenen Decke. Ich legte mich bäuchlings oben drauf – so ging es den Kranichberg runter und nach Hause. Großvater hielt den Schlitten von hinten am Seil, damit ich nicht zu viel Fahrt bekam. Daheim wurde weiter gesägt und gehackt. Mutter war froh, wenn mich Großvater beschäftigte. Ich stapelte die Scheite in der Küche, dicht am Herd, wo sie auftauen und trocknen konnten – wir heizten in unserer großen Wohnung nur dort.

Das alles war noch kein halbes Jahr her – trotzdem hatte ich es fast vergessen. Aber nur fast! Was ein Segen war, denn sobald wir auf der Suche nach Ereignissen an die Schrebergärten gerieten, begann die weiße Wand sich zu verändern: Sie schmolz. Erst wurde sie milchig, dann grau, dann blieb sie länger stehen – Schatten zeigten sich.

Großvater war ganz aufgeregt:

„Wenn es sich verändert, haben wir die richtige Spur – erzähl!"

„Es ist nur noch ein Nebel ... der bleibt länger. Manchmal kommen Gespenster."

„Was für Gespenster?"

Ich wusste es nicht. Jedenfalls fiel es mir damals nicht ein.

Großvater bekam einen Verdacht, seine frohe Stimmung verschwand:

„Weißt du noch, was Weihnachten im Garten war? ... Mir ist etwas eingefallen – aber du musst es selber finden, sonst wirst du es nicht los."

Wir suchten den Kranichberg und die Schrebergärten hinter der Festung ab – Großvater ließ mich jeden noch so winzigen Anhaltspunkt durchforsten. Nach und nach erinnerte ich mich: Als kurz vor Weihnachten unser Holz zu Ende ging, sind wir wieder zum Garten gelaufen. Die Laubentür stand offen, sie war aufgebrochen, und drinnen hat uns eine tote Frau angestiert. Großvater schickte mich gleich raus, aber ich hatte sie schon gesehen: Halbnackt und blutig lag sie da, neben sich die zerrissene Wäsche. Vom tatsächlichen Geschehen hatte ich damals keine Vorstellung – ich hatte den Mord ja nicht gesehen. Etwas anderes wäre es gewesen, wenn Mutter das passiert wäre. Aber

Großvater hatte es immer verhüten können. Er sprach die slawischen Sprachen und hat uns stets beschützt. Was ich gesehen hatte, passte zum Flüstern der Erwachsenen – bei uns im Haus und anderswo berichteten sie sich bekümmert von Frauen, denen man „Gewalt angetan" hatte, erst in der Russenzeit, dann in der Polenzeit. Die tote Frau gehörte zu meinen anderen Bildern, die schon zu erinnerten Ereignissen geworden waren – die zwar schlimm waren, aber an Schrecken verloren hatten: zu den blutüberströmten Verwundeten, die ich im letzten Kriegswinter von unserem Fenster aus gesehen hatte, als man sie auf Pferdefuhrwerken ins Lazarett schaffte; zu den betrunkenen Soldaten im Mai 45 im Zug.

Das alles suchten wir jetzt, ein Jahr später, nicht mehr ab. Da musste noch etwas anderes sein, denn die dunklen Nebelschemen blieben, wollten und wollten nicht deutlicher werden, so sehr wir auch suchten. Großvater war sehr enttäuscht und ratlos, weil uns die tote Frau im Garten nicht weitergeholfen hatte.

Wenn mich die Bildfetzen plagten, wollte Großvater mich um sich haben. Nachts lag er neben mir auf dem Strohsack und holte mich aus den Quälträumen. Tagsüber beschäftigte er mich.

„Tauben gibt es genug", sagte er und half mir auf die Bäume, um die Nester auszunehmen. Aus Vorsicht warfen wir die Eier am ersten Tag weg – sie konnten ja schon länger bebrütet sein. Danach waren sie frisch gelegt und ließen sich trinken. Er konnte die Vögel schon an den Eiern erkennen, die ich anbrachte – tadelte mich bei Amseln und Sprossern, nickte bei Hähern, Elstern oder Krähen:

„Jag die Räuber und schon die Sänger! Aber sei nicht waghalsig – brich dir nicht das Genick!"

Er brachte mir bei, wie man aus frischer Weide und einem trocknen Kirschkern Trillerpfeifen herstellt. Wir bauten Wasserspritzen aus einem starken Holunderast und Schafslocken, die der Wind in die Weidezäune geblasen hatte; mit einem glühenden Nagel bohrte er eine feine Düse in den Lindenholzpfropfen und setzte ihn vorn ins Holunderrohr, als Mündung. Wir zielten auf Vögel, die sich nach

Sonnenuntergang über die Aussaat hermachen wollten. Er schoss gut, zeigte mir gerne die flache Goldnuhr, er hatte sie als Soldat beim schlesischen Kaisermanöver gewonnen. Klappte immer hinten den Deckel auf, las mir die verschnörkelte Gravur vor – sie wies ihn als besten Schützen des Glatzer Infanterieregimentes 38 aus.

„Das war 1913, da schien noch alles in Ordnung zu sein – eines Tages kriegst du sie."

Immer wusste er Nützliches: Aus Lumpen nähte er feste Gamaschen. Mutter wollte sie zuerst gar nicht anziehen. So wie er Fußlappen wickelte, rutschten sie nicht. Seinen Spezialknoten, mit dem die Schuhbänder bis zum Abend halten, verwende ich heute noch.

Bald nahm er mich mit auf den Zipfel Wiese, den er dem Bauern als Gartenland abgetrotzt hatte.

„Es ist eine harte Arbeit", sagte er, „du musst mir helfen."

Während er umgrub, schüttelte ich die schwarze Erde aus den Grasplacken.

„Guter Lößboden“, sagte er, „wie zuhause in Schlesien – in paar Monaten hat die Not ein Ende.“

Großvater war ein schlesischer Bauernsohn und verstand sich aufs Ackern. Ins kaiserliche Heer war er eingetreten, weil sein ältester Bruder den Hof erbte. In 20 Militärjahren hatte er sich eine Anwartschaft als Beamter erdient, war später mit Leib und Seele Justizwachtmeister am Amtsgericht in Glatz. Seine ländliche Kindheit, die Natur und der Umgang mit der Erde hatten ihn geprägt. Das half ihm, sich schon bald mit den kargen Umständen abzufinden. Von uns dreien war er es, der bald wieder Wurzeln schlug, allem Heimweh und allen Widrigkeiten zum Trotz.

Wir legten Furchen an und steckten erbettelte Kartoffeln. Wir banden uns Bretter unter die Füße und traten Pfade zwischen Beete aus gelockerter Erde. Verdingten uns tageweise in einer Großgärtnerei – brachten singend Samen und Setzlinge nach Hause: Kopfsalat, Weiß- und Blaukraut, Kohlrabi, Wirsing, sogar Blumenkohl … keimende Steckzwiebeln. Noch am selben Abend pflanzten wir die ergatterten Schätze ein, er schickte mich hin und her zum Bach nach Angießwasser:

„Aber rutsch nicht ab auf der Böschung!"

Bald ernannte er mich zum Wächter der Maulwurfshügel, schnitt eine Haselrute zurecht und verzierte sie, kerbte kunstvoll meinen Namen in den Griff.

„In paar Wochen fressen sie uns die Mohrrüben weg. Gib ihnen aufs rote Maul – verjag sie!"

Er schmunzelte, als er das sagte – wusste wohl, wie hellhörig die Tierchen sind. Als sie ihm zu viel wurden, legte er ein paar Gänge frei und vertrieb sie mit schwelendem Laub.

„Es muss die rechte Feuchte haben – vor dem beißenden Rauch hauen sie ab."

Mitte Juni kamen schwere Tage für ihn. Er war traurig und in sich gekehrt, manchmal liefen ihm die Tränen. Er war weit weg von mir und meinen Nebelblitzen, die mich prompt häufiger plagten. Er merkte bald, dass es auch mir nicht gut ging, sprach viel mit mir. Nach und nach machte er mich vertraut mit dem Unterschied zwischen Vater und Großvater, erzählte mir von Vater und seinem Tod in Weißrussland.

„Dein Vater ist im Juni gefallen. Deine Mutter hat dich an dem Tag geboren, an dem die Wehrmacht das Telegramm geschickt hat. ... Ein Sohn wurde mir genommen – ein Enkel wurde mir geschenkt."

Damals habe ich meinen Vater noch nicht vermisst – warum auch? Mutter und ich hatten ja Großvater; nach gut schlesischer Art nannten wir ihn beide Vatl – was eigentlich weder bei ihr noch bei mir der familiären Gegebenheit entsprach. Seit Vaters Tod war er der Mittelpunkt der Restfamilie, erst recht nach dem Zusammenbruch. Mutter war der Not und den Strapazen jener Zeit nicht gewachsen; so war es Großvater, an den ich mich hielt, der Nahrung auftrieb und uns schützte. Auch wenn ich es noch nicht begriff – mit dem Instinkt des Schutz suchenden Kindes wusste ich: Ohne ihn wären Mutter und ich verloren.

„Du bist doch mein lieber Vatl", sagte ich bang an jenem Junitag. Da nahm er meine Hand und legte sie auf die verwachsene Narbe auf seinem Brustkorb.

„Das war ein französisches Bajonett, 1916, ... in der Brust – nicht im Rücken! Der französische Infanterist hat nicht überlebt ... dein deutscher Vater fünfundzwanzig Jahre später auch nicht. Ich hab noch immer den Schmerz! Das ist der Krieg, der verfluchte ... und dich verfolgt er auch."

Es war Großvater, dem schließlich auffiel, dass meine Nebelblitze von seiner Gegenwart und von seinem Befinden abhingen. Es war ihm ein paar Tag lang schlecht gegangen, und ich hatte es gemerkt – die verschwommenen Schemen, die mich plagten, hatten sich prompt gehäuft.

„Treten sie überhaupt auf, wenn ich nicht dabei bin?", fragte er. Ich konnte mich nicht erinnern, den gespenstischen Nebel jemals ohne ihn erlebt zu haben.

„Dann muss es etwas gemeinsam Erlebtes sein", sagte er.

Von da an lichtete sich der Nebel mehr und mehr, blieb nach und nach länger – trat nicht mehr in explodierenden Blitzen auf, eher wie die Bilder in meinen zwar schlimmen, aber erträglichen Träumen. Ja, es gab kahle Bäume. Ja, es war im Winter – es lag Schnee! Ja, es gab eingeschneite Hecken. Nach und nach wurden die Gespenster zu menschlichen Gestalten. Mal kamen dunkle, vermummte Männer auf mich zu – mal sah ich, wie ein Mann ohne Gesicht im Schnee kniete und auf die Seite fiel.

Es war an einem friedvollen Sommerabend im Garten, als Großvater das Ereignis wiederfand – später sagte er, es sei ihm wie Schuppen von den Augen gefallen.

„Dass ich das vergessen konnte – es war ein paar Tage vor der Vertreibung."

„Der kniende Mann – das warst du, Vati!"

„Wir waren mit dem Schlitten unterwegs – drei polnische Rabauken wollten uns ausrauben. Weil wir nichts Wertvolles hatten, haben sie mich auf die Knie gezwungen und mir die Pistole in den Nacken gedrückt, ganz plötzlich – da bin ich in den Schnee gekippt."

„Ich dachte, sie haben dich erschossen."

„Du hast auf dem Schlitten gesessen und furchtbar geweint."

„Du hast auf sie eingeredet ... hast dauernd auf mich gezeigt."

„Du hast mir das Leben gerettet – deinetwegen haben sie uns am Ende laufen lassen."

„Sie haben mich vom Schlitten gestoßen und uns das Holz weggenommen."

„Immerhin haben sie uns leben lassen. Vielleicht hätten sie ja nicht geschossen – aber wer konnte das wissen? ... Du schon gar nicht!"

Hinter den Erlen am Bach verschwand die Sonne, Schatten kroch über die Wiese und auf unseren Garten zu.

„Es ist eine große Schmach für mich", sagte Großvater, „dass ich dich nicht besser beschützt habe. Sie haben mich sehr gedemütigt ... und dich zu Tode erschreckt. Vielleicht habe ich es deshalb vergessen ... und dann das Durcheinander bei der Vertreibung und die Aufregung auf dem Transport ..."

Ein paar schwarze Vögel ließen sich nieder.

„Guck dir die Amseln an", sagte Großvater, „die schwarzen Amseln – die Erdbeeren sind noch nicht mal richtig reif, und schon fallen sie darüber her!"

Ich wollte sie verjagen, aber Großvater hielt mich zurück.

„Warte noch", sagte er. „Schwarze Vögel sind nützliche Wesen – du kannst ihnen alles mitgeben."

„Was – alles?", fragte ich.

„Nu alles – all den Schmerz und das ganze Leid. ... Du musst es nur wirklich hergeben – dann tragen sie es davon. Schmerz und Leid sind wie schwarze Vögel – sperr sie nicht in der Seele ein ... gib sie frei, mach den Käfig auf ... lass sie fliegen ..."

Ich habe Großvater immer geglaubt. Eine Weile sahen wir den Vögeln noch zu. Dann warfen wir scheuchend unsere Arme hoch, und die Amseln flogen auf und davon.

„Fliegt!", rief Großvater, „ ... nehmt alles mit ... meins und seins."

„Fliegt!", rief ich, „ ... nehmt alles mit ... meins und seins."

Wie auch immer – seit jenem Sommerabend im Garten traten die Erinnerungsblitze nicht mehr auf. Es gab zwar noch die Quälträume, aber fortan schien ich befreit von den Explosionen im Kopf, von der panischen Angst mich zu verlieren, mich aufzulösen. Manchmal kamen sehr eindringliche Träume, die mich sehr beschäftigten und die ich nicht so schnell vergessen konnte – aber Großvater hörte zu und fand Erklärungen, wusste Antworten.

Unser Leben wurde leichter, normalisierte sich, wie man so sagt – jedenfalls äußerlich. Im Sommer 1947 zogen wir in eine hübsch gelegene Stadt am Teutoburger Wald. Raus aus der Häckselkammer, weg vom Kuhstall und den fetten Fliegen: Großvater wurde wieder Justizwachtmeister! Das Amtsgericht residierte in einem alten Klosterschloss mit hohen Räumen, mit langen Gängen und vielen schummrigen Winkeln. Großvater residierte auch: in der Wachstube gleich neben dem vornehmen Treppenaufgang, an einem schweren Eichentisch unter bemaltem Stuck, in seiner tiefblauen Uniform, die Wachtmeistermütze immer griffbereit. Aber vor allem erhielten wir eine Dienstwohnung im Schloss, mit drei zentralbeheizten Räumen und Badezimmer samt Emaillewanne und Spülklosett.

„Jetzt brauchst du nicht mehr achtgeben, dass du nicht hinterherplumpst", sagte er und lachte schallend, steckte Mutter und mich an. Langsam erholte sie sich, wurde gesünder, gefasster.

Nach den Schulstunden besuchte ich ihn in der Amtsstube – so wie ich es schon in Glatz gedurft hatte. Er zweigte mir von den eingegangenen Briefmarken welche ab, bevor er sie pflichtgemäß an die Hohen Herren Richter abliefern musste. Er war neugierig auf meine Rechenkünste und lies sich aus dem Lesebuch vorlesen. Wenn er nicht da war, fand ich Botschaften auf seinem Schreibtisch: „Bin beim Herrn Präsidenten." „Bin heizen, komm runter – ich hab was für dich!" Bin da und da ... bin dann und dann zurück. Wollte auch Nachrichten und Brieflein von mir.

Eines Tages wechselte er zu einer unbekannten schnörkeligen Schrift.

„Das ist Sütterlin – es schadet ja nicht, wenn du es lernst. ... Vielleicht brauchst du's mal." Er sah mich nicht an, wollte ein Schmunzeln verstecken.

Ich erinnere mich noch so genau, weil mir einige Jahre später schlagartig klar wurde, wozu Sütterlin gut sein sollte.

Als die neue Junglehrerin eine Musikgruppe einrichtete, trieb er eine abgewetzte Blockflöte für mich auf.

„Das neue Fräulein ist gut", sagte er, „sieh zu, dass du was bei ihr lernst!"

Im Jahr 1948 gab es das neue Geld, die Mark der Bundesrepublik Deutschland. Großvater pachtete als Erstes einen Garten – ein fruchtbares Fleckchen Land am Hang draußen vor der Stadt.

Vom ersten neuen Gehalt kaufte er mir eine Mundharmonika und bald darauf ein geschecktes Ziegenböckchen mit Stummelhörnern, weißer Nase und schwarzem Bärtchen unterm Kinn. Wir tauften ihn Emil und wuschen ihn in der Emaillewanne. Er schlief im Klosterkeller bei den großen Heizungsöfen, neben dem Kabuff für die Häftlinge – den

Delinquenten, wie Großvater sie nannte. Das Hohe Gericht sperrte sie im Schlosskeller ein, bevor Großvater sie am nächsten Werktag zum Kreisgefängnis überstellte: Landstreicher, Strauchdiebe, manchmal Wilderer, oft notorische Trunkenbolde, die erst zu Hause alles kurz und klein schlugen und dann den Wirten die Schankstube demolierten, großen Schaden anrichteten.

Großvater erklärte mir die Straftaten und warnte mich besonders vor den Sittenstrolchen, die sich gern an Kinder heranmachten. Kinder auf dem Lande begreifen die Heimlichkeiten des Lebens früh; Tiere tun sich ja keinen Zwang an – die Ganter und die Gänse, die Erpel und die Enten, die Hundchen und die Hündinnen, die Kater und die Kätzchen, all das lebendige Getier in Feld und Wald. Und vor welchen Kinderohren sind Verstecke denn schon sicher, wenn Knechte und Mägde dort schäkernd verschwinden!

Großvater hielt mir keine Predigten. „Guck dir die brunftige Kreatur an!“, sagte er, ließ mich fragen. Anders als meine behütete Mutter, die gleich rot wurde und ins Stottern kam, fand Großvater stets Antworten, die ich nach und nach verstand – und wenn ich nicht fragte, war er's auch zufrieden.

Nur bei den Häftlingen und ihren Straftaten, da schenkte er mir mit ernster Stimme reinen Wein ein. „Damit du die Menschen und das Leben richtig verstehst". Wir kochten für die Delinquenten mit und trugen ihnen das Essen runter, zusammen mit dem Abendbrot für Emil.

Großvater zimmerte einen kleinen Leiterwagen mit Rädern aus Vollgummi und einer richtigen Deichsel. Aus einem abgetragenen Wachtmeistermantel und alten Ledergürteln nähte er für Emil ein bequemes Geschirr.

„Im Herbst muss er die Ernte den Schlossberg raufziehen", sagte er, „ich werde langsam alt – wir können das nicht mehr alles alleine nach Hause schleppen."

Wir spannten Emil schon jung ein und ließen ihn den leeren Wagen ziehen. Auf der einen Seite der Deichsel lief Emil, auf der anderen half Großvater, legte die Richtung fest.

„Dass er sich rechtzeitig dran gewöhnt“, sagte er. „Pass auf die Hörner auf, wenn er bald wächst!“

Als Emil kräftiger wurde, zog er zuerst mich und später die Schätze aus dem Garten. Zum Schloss rauf legte er sich mächtig ins Zeug – Emil hatte Spaß an seiner Arbeit und wir hatten Spaß an Emil und an der guten Ernte.

„Unsere Not hat ein Ende!“, sagte Großvater und ich gab ihm Recht – äußerlich stimmte es ja.

Auch Mutter und ich bekamen das neue Geld: Kriegsopferrente wegen meines gefallenen Vaters. Ich wuchs und ging gern in die Volksschule. Die quälenden Ereignisse traten zurück, und die bösen Träume ließen nach.

Großvater wurde pensioniert und alterte wirklich, machte auch keinen Hehl daraus. Er wurde langsamer, blieb häufiger stehen und besann sich. Er kaufte sich einen knorrigen Spazierstock und einen grünen Lodenhut mit echtem Gamsbart. Er genoss die Spaziergänge mit seinem schlesischen Freund, den Mutter und ich seit je Onkel Jonas nennen durften. Auch er hatte viel Zeit: Als Rechtsanwalt und Notar praktizierte er nur noch, wenn Vertriebene lieber zu einem Schicksalsgefährten wollten, überließ die Arbeit gern dem einheimischen Sozius.

Als im Frühjahr das Spazieren die beiden alten Herren nicht mehr auslastete, besorgten wir Bretter und Bohlen und zimmerten eine Gartenlaube – windschief wie die in Glatz und vorn in voller Breite offen, aber sie war stabil und stand lange: Ein Foto, das Onkel Jonas im Juli 1953 mit der frisch erstandenen 6x9-Box knipste, zeigt Großvater, Mutter und mich auf dem Laubendach – fast verschwinden wir in dem Meer aus blühenden Kletterrosen und rankender Klematis, die zu aller Stolz und Freude die Laube überwuchern.

Großvater und Onkel Jonas hatten schon unterm Kaiser bei den Glatzer 38ern gedient, in derselben Kompanie. Sie hatten den ersten Weltkrieg und die schlechten Zeiten durchgestanden und auch sonst vieles zusammen erlebt – mir erzählten sie gern Angenehmes.

„Wir hatten alle Aufregung genug“, sagte Großvater, und Onkel Jonas nickte gleich zweimal.

Wenn Mutter und ich dabei waren, ließen sie die alten Dinge ruhen – die Gespräche kreisten um die Lehrer am Gymnasium und um die Noten, die ich nach Hause brachte. Um die Gesundheit und den Garten, um das alltägliche Leben halt. Unter sich sprachen sie anders: saßen da, tranken Bier und ereiferten sich, kriegten oft nicht mit, wenn ich lauschte.

In Erinnerung habe ich es so: Wenn es um den ersten Weltkrieg ging und die schlechten Zeiten, die den Hitler an die Macht gebracht hatten, da waren sie sich einig. Aber wenn sie auf die Russen und die Polen und die Vertreibung der Deutschen kamen, gerieten sie sich in die Haare.

„Sie haben sich benommen wie Vieh!", empörte sich Onkel Jonas und warf den Siegern Rache und Entrechtung vor.

„Du vergisst, was *wir* angerichtet haben", hielt Großvater dagegen und sprach von Gerechtigkeit und Buße.

Jedenfalls ging es endlos – geeinigt haben sie sich nie. Aber sobald Mutter oder ich dazukamen, herrschte Friede. Großvater, der ruhende Pol in der Restfamilie, wollte es harmonisch. Trug immer sein Teil dazu bei, dass es so lief.

Bis zu jenem vierzehnten Geburtstag, an dem ich verblüfft hinzunehmen hatte, dass Großvater hart blieb und das Geheimnis der Porzellandose nicht preisgab.

„Es ist zu deinem Besten – glaub es mir!" Als ich sah, wie sich seine Augen verflorten, gab ich das Betteln auf.

Bald danach starb Großvater. Es kam völlig überraschend. Erst konnte ich es nicht begreifen. Eines Morgens kriegten wir ihn nicht mehr richtig wach. Mit einem Gesicht wie Seife lag er da. Suchte manchmal mit fernen Augen die Zimmerdecke ab. Bis zum Nachmittag hat er noch geatmet, dann stellte der Arzt den Tod fest:

„Das verbrauchte Herz hat den Schlaganfall nicht verkraftet – mein aufrichtiges Beileid."

Die alten Ängste kamen wieder hoch, machten sich breit, wollten über mich herfallen, machten mir klar, wie sehr ich Großvater in den letzten Jahren noch gebraucht hatte. Mutter, die wieder dauernd vor sich hin weinte, wollte mich trösten.

„Ich bin genau so traurig ... denk doch daran, wie gut er immer war. ... Wenigstens besitzt du ein echtes Andenken!"

„Ja", hab ich gesagt, „eine leere Porzellandose mit einem Sprung und einem Geheimnis, das jetzt keiner mehr rauskriegt."

Bei der Beerdigung nahm mich Onkel Jonas in die Arme und lud mich noch für denselben Tag in die Kanzlei ein. Aus dem Schrank mit den Glastüren zog er einen umfänglichen, abgegriffenen Aktenordner hervor und ließ mich blättern. Die Papiere waren alt und vergilbt, die meisten mit der Hand geschrieben. Die Schrift sah aus wie Großvaters Sütterlin, manchmal noch schnörkeliger.

„Das sind noch die alten Schriften", sagte Onkel Jonas, „so wurde früher auf Ämtern geschrieben. Dein Großvater hat die Schriftstücke gehütet wie seinen Augapfel – ich hab ihm in die Hand versprechen müssen, dass ich sie dir bald nach dem

Begräbnis gebe. ... Es war sein Wunsch, dass ich dir behilflich bin."

Das also war's: Großvater hatte mir rechtzeitig Sütterlin beigebracht, damit ich die Akte verstand, die er mir vererben wollte.

Ein paar Wochen lang verbrachten wir so manchen Nachmittag im getäfelten Kanzleibüro und enträtselten Großvaters Vermächtnis, entzifferten die Briefe, Notizen und Berichte, ältere und neuere, und alle in den wechselnden Handschriften der zahlreichen Verfasser.

Obenauf lag ein verblasster Bogen mit einer fortlaufend nummerierten Namensliste. Als jüngsten Eintrag nennt die Liste mich und als ältesten einen Tobias Laufer, geboren 1710 in „Sanct Jacob am Thurn". Das früheste Dokument ist sein Brief an die Ehefrau Ruth und den Sohn Gottlieb in Lukoschen, im östlichen Preußen. Im Mai 1737 hat er ihn dem Meißener Stadtpfarrer Emanuel Knauer in die Feder diktiert – aus einem traurigen Anlass: Tobias Laufer sitzt im Gefängnis.

Er beklagt sein ungerechtes Schicksal, beteuert seine Unschuld: Man habe ihn böswillig verleumdet und wider besseres Wissen des „Geheymnisbruchs“ bezichtigt. Als freier Fuhrwerksbesitzer habe er zwei Jahre lang „das theure weiße Gold“ aus den sächsischen Kaolingruben nach Meißen zur Porzellanmanufaktur geschafft und gut verdient. Er habe gespart und Pläne geschmiedet, wie er Ruth und den kleinen Sohn Gottlieb zu sich nach Sachsen holen könne – so gut sei es ihm gegangen. Stattdessen halte man ihn nun im modrigen Verließ der Albrechtsburg fest, wo er kaum zu essen bekomme und sich der Ratten erwehren müsse. Fälschlich werfe man ihm vor, er habe die geheime Lage der allseits begehrten Kaolingrube „für Judaslohn verkaufet“. Jetzt werde ihm von höchster Stelle der Prozess wegen Hochverrats gemacht – nach Sächsischem Recht drohe ihm sogar der Tod. Die letzte Hoffnung sei sein Bittgesuch „An Den Durchlauchtigsten König in Preußen Friedrich Wilhelm I.“. Der sei doch als ein guter und gnädiger Landesvater bekannt, denn er habe die Laufers und zahlreiche andere „Exulanten“ nach Preußen geholt, als der Erzherzog Leopold Anton sie ihres protestantischen Glaubens wegen aus dem Salzburgischen vertrieb, im Winter 1731 – „bey Eis und bey Schnee“.

Tobias Laufer hat seiner Frau eine Abschrift beigelegt und bittet sie eindringlich, das Gesuch auch von Preußen aus auf den Weg nach Potsdam zu bringen, am besten „gantz amtlich“. Ruth Laufer muss seinem Wunsch wohl entsprochen haben, denn die Akte enthält eine „Zweyte Copia“ des Bittgesuchs, beglaubigt vom Preußischen Amtsgericht in Stallupönen. Darin beteuert der angebliche Hochverräter seine Unschuld und schildert die verzweifelte Lage, in die ihn ein neidischer Verleumder gebracht hat. „Untertänigst“ ersucht er „Ihro allergnädigste Majestät", sich am Sächsischen Hof um Freilassung zu verwenden und ihn „heym zu holen“. Nur die verregnete Ernte und „eynzig die große Noth“ hätten ihn dazu gebracht, sich mit Pferd und Wagen in der Ferne zu verdingen, wo man ihm nun so übel mitgespielt habe – er könne sich nichts sehnlicher wünschen, als endlich wieder „daheym bey Frau und Kind in Lukoschen zu seyn“ und den Acker zu bestellen, den „Ihro allerbarmhertzigste Majestät uns seyt dem Einzug samt Gespann überlassen“.

Ruth Laufer befürchtet wohl, dass nur geringe Aussicht auf ein gutes Ende besteht, denn die Akte enthält ihre ungelenken Notizen zu einem Bittbrief „An die Hochwolgeborene Königin Sophie Dorothea“, den sie dem Gesuch ihres Mannes beilegt. Sie erinnert die Preußenkönigin an den Empfang der vertriebenen Salzburger in Berlin – am 30. April 1732 seien sie und Tobias mit vielen anderen dabei gewesen. So hätten sie „Ihro Majestät“ als eine wahrhaft großmütige Landesmutter im Kreise ihrer „hochwolgeborenen Kinder“ und ihrer dankbaren Untertanen erlebt. So gerührt seien Tobias und sie von diesem Anblick gewesen, dass sie, die sie sich erst auf dem langen Zug von Österreich durch die deutschen Lande kennengelernt hatten, an jenem Tag einander die Heirat versprachen. Auf dem anschließenden Schiffstransport habe sie der Kapitän getraut – noch vor der Ankunft in Stettin –, und als gläubige und fromme Protestanten hätten sie alsbald in Lukoschen den Bund der Ehe christlich besiegelt. Sie habe auch schon einem Sohne, dem Gottlieb, das Leben geschenkt – der Kleine sei jetzt vier Jahre alt und entbehre den „hertzensgutten Vatter" auf das Schmerzlichste. Sie wisse, dass ihr geliebter Mann treu und unschuldig sei – nie und nimmer hätte er seinen gütigen Brotherrn verraten.

Die alten Schriftstücke lassen nicht erkennen, ob die Bittgesuche das preußische Regentenpaar erreichten und ob Ihro Majestäten sich herabließen zu einer Fürsprache zugunsten ihres Landeskindes Tobias Laufer. Wenn es eine solche Intervention überhaupt gegeben haben sollte – sie war nicht erfolgreich. In einem Brief vom 28. November 1737 übermittelt Pfarrer Knauer mit größtem Bedauern, dass man Tobias Laufer am 20. des Monats zum Tode verurteilt und kurz darauf hingerichtet habe.

„Hätten die Preußen ihn nicht retten können?", fragte ich Onkel Jonas, den Rechtsanwalt.

„Wir können ja nur wissen, was in der Akte steht. Vielleicht wollten sie nicht – immerhin hat er den

Hof und die Felder verlassen, die der König ihm anvertraut hatte. Hat Frau und Kind der Not und der Ungewissheit ausgesetzt – ist auf und davon, samt Pferd und Wagen. Vielleicht wollte auch der Sächsische Kurfürst zur Abschreckung der Kaolindiebe ein Exempel statuieren."

Über Einzelheiten der Hinrichtung lässt der Pfarrer Emanuel Knauer sich nicht aus, aber zu meiner Verblüffung kommt er ausführlich auf „die kleyne porcellan Zukkerdos" zu sprechen, zusammen mit dem Brief habe er sie auf den Weg gebracht. Er nennt sie eine kostbare Rarität, weil sie nur drei Füßchen hat.

„Ist das wirklich die Porzellandose, die Großvater mir geschenkt hat?" fragte ich Onkel Jonas.

„Ja, das ist sie – jetzt weißt du endlich, woher sie stammt."

Ich rechnete nach: "Sie ist alt – 216 Jahre!"

„Mindestens – Tobias Laufer besaß sie ja schon vor seinem Tod ... Porzellan wird in Meißen seit 1710 hergestellt, seit 1722 verwenden sie die gekreuzten Schwerter als Markenzeichen."

„Woher hat Großvater die Dose?"

„Das kannst du aus der Akte erfahren."

„Warum tat er immer so geheimnisvoll?"

„Lass uns weiterlesen, dann wirst du's verstehen!"

In seinen letzten Tagen hat Tobias dem Pfarrer das Versteck der Ersparnisse in der Dachkammer offenbart, in der er bis zur Verhaftung die Nächte verbracht hat. Doch die Nische hinter dem Schornstein war leer – „alle Habe ward confiszieret" –, und nicht einmal ihm, dem Mann der Kirche, sei es gelungen, den Verbleib der Habseligkeiten bei den Behörden zu erfragen. Er wisse nur, dass Pferd und Wagen dem Denunzianten Carolus Hauser zugesprochen wurden – zuerst „in commissio" und nach dem Urteil endgültig – als Dank für die Aufdeckung des Verbrechens gegen den Sächsischen Staat. Nur die edle Porzellandose sei übersehen worden, und Tobias Laufer habe sie noch vor der Hinrichtung „explicite für den Sohn Gottlieb bestimmt" – zur Erinnerung an seinen guten Vater, der bis zum letzten Atemzug seine Unschuld beteuert habe und als tapferer Mann vom Leben zum Tode gekommen sei. Am Ende des Briefes empfiehlt er die Hinterbliebenen der "großen Güte und Obhuth des barmherzigen Herrgotts".

Einige Monate darauf, am 17. April 1738, schreibt der Pfarrer ein drittes Mal, „will eyligst zur kenntnis geben, dasz nunmehr der irrthum dekuvrieret ist". An der Grenze zum Bayerischen sei man einer Bande von Kaolindieben habhaft geworden, unter ihnen der Denunziant Carolus Hauser; der sei in vollem Umfang geständig: Er habe „falsches Zeugnis" wider den erfolgreicheren Konkurrenten gegeben, weil er dessen Gespann ergattern wollte.

Tobias Laufer war unschuldig gehenkt worden!

Vierzehn Jahre später, mit Datum vom Karfreitag 1752, berichtet der Sohn Gottlieb Laufer, dass er nach dem Tode der Mutter nach Meißen aufbrach, um das Grab des Vaters zu suchen und Einzelheiten über seine Hinrichtung zu erfahren. Bei den Behörden erreicht er nichts, der Scharfrichter Johann Lieberknecht lebt nicht mehr. Aber Gottlieb treibt den Büttel Johann Görge auf, der dem Henker zur Hand gegangen war und sich noch gut erinnert, weil es eine „groß' Sach gewesen". Der Galgen vor dem Südtor habe in höchstem Auftrag auf doppelte Höhe gemauert werden müssen – der Hohe Herr Richter sei „personaliter erschienen, den letzten Rabenstein zu setzen". Drei Tage lang habe der Magistrat die Hinrichtung groß ausrufen lassen, und an einem Donnerstag sei der Vater wegen Hochverrats im Beisein „von viel Meißener Volk am Strange gehenkt worden". Noch bis zum folgenden Montag sei der Leichnam am Galgen der Ansicht der ganzen Bevölkerung und der Gier von „allerhand Vögeln und Getier ausgesetzt gewesen". Dann habe ihn der Büttel abgenommen und mit einem Pferdegespann in die Dresdener Anatomie geschafft – ein Grab des Vaters gebe es nicht.

Gottlieb Laufer hat nach seiner Rückkehr eine Familie gegründet und in Lukoschen den elterlichen Hof bewirtschaftet. Im Jahre 1780 hinterlässt er die geerbte Porzellandose samt Briefen seiner Tochter Cathrina, die in Insterburg mit dem Hugenotten David Mercier verheiratet ist. Im Begleitbrief schildert er die gute Entwicklung des preußischen Ostens, preist den „Alten Fritz“ für „segenreichen Anbau der Amerikanischen kartoffelknollen“ – und ermahnt am Ende die Tochter, „gar sorgsam zu seyn mit dem fragilen kleinod“ ihres unschuldig zu Tode gekommenen Ahns Tobias.

Cathrina trägt als nächsten Erben ihren Sohn in die Liste ein, „Simon Mercier, geboren den 6ten mayo anno 1769“. In einem Begleitbrief erteilt sie ihm mütterlichen Rat und erzählt Dinge aus dem Leben der Familien Laufer und Mercier, „dasz sie nach meinem Tod nicht der vergänglichkeit anheym fallen.“ So wächst die Akte von Generation zu Generation – jeder Erbe der Porzellandose wählt einen Nachkommen, dem er sie später samt ergänzten Schriftstücken als Vermächtnis hinterlässt.

Der Nachlassbrief der fünften Erbin – Daniela Mercier, geboren 1798 in Marienburg – sprach mich besonders an. Sie beichtet ihrem Sohn Jacob Mercier – geboren 1814 in Oppach –, dass sie ihm zeitlebens seinen wahren Vater verschwiegen hat. Jung und unbekümmert wie sie war, ist sie 1813 mit dem Napoleonischen Füsilier Jacques Bertrand gen Westen gezogen. Aber als sie ihm nahe der französischen Grenze ihre Schwangerschaft offenbart, hat er sie weggeschickt – „wie man einen anhänglichen hund heym weyst". In einer mehrmonatigen Reise schlägt sie sich durch Horden fliehender Franzosen und preußischer Verfolger bis ins Lausitzer Bergland durch, wo ihr Bruder Ruben Mercier eine Sägemühle betreibt, eben die Bocksmühle, in der sie mit ihm, Jacob, niedergekommen sei. Mit Ruben, der seine „geheyme Liaison" mit dem Pfarrer der Nachbargemeinde verbergen will, geben sie sich zum Schein als Familie aus – so seien sie alle vier vor Ächtung und Schande bewahrt geblieben. Aber jetzt, den Lebensabend so dicht vor Augen, wolle sie sich ehrlich machen und ihm sagen, dass sein Vater Jacques Bertrand war. Sie habe lange nach ihm suchen lassen und schließlich erfahren, dass er schon 1815 bei Waterloo gefallen ist. Er sei im Grunde ein guter und lustiger Mann gewesen, das krause dunkle Haar und die Backengruben habe Jacob vom Vater; aber die

Porzellandose mit dem Himbeerzweig, die sie ihm schon vor Jahren gegeben habe, die stamme aus der langen Tradition ihrer Familie; er möge alle die Briefe und Notizen, die sie beilege, nur gut zur Kenntnis nehmen.

Nach und nach begriff ich! Seit mehr als 200 Jahren durchwandert das gehütete Erbstück wie ein Staffelstab die aufsteigende Kette meiner Ahnen und verankert jeden seiner Besitzer in der wechselvollen Geschichte unserer Familie. Großvater war von uns gegangen, aber er steht zwei Plätze vor mir auf dem Deckblatt der Akte, die mich mit den Ahnen verbindet. In seiner steilen Sütterlinschrift steht neben meinem Namen „geboren am 17. Juli 1941" und eine Zeile darüber „gefallen am 22. Juni 1941 bei Grodnow" hinter demselben Namen. Im Nachlassbrief schildert er, wie mein Vater ihm am Ende seines letzten Fronturlaubs voll banger Vorahnungen die Meißener Dose des Urahns Tobias Laufer zurückgegeben hat, im Oktober 1940. Dann schreibt er das Wenige nieder, das er vom Tod meines Vaters, seines Sohnes, erfahren hat. Feldgendarmen haben ihn und zwei weitere deutsche Soldaten dicht hinter der weißrussischen Grenze in einem Straßengraben gefunden, mit durchschossenem Genick. Die drei hatten unwegsames Gelände vor der Front erkunden sollen und waren der Roten Armee in die Hände gefallen. Als noch am gleichen Tag Panzerverbände der Wehrmacht den Frontabschnitt bei Grodnow überrollten, wurden die drei vor dem Rückzug der sowjetischen Einheiten kurzerhand liquidiert – in den ersten Wochen und Monaten des „Russlandfeldzugs" haben gefangene Feindsoldaten hüben wie drüben selten überlebt.

Großvater, der erdverbundene Bauernsohn mit der tapferen Narbe in der Brust, und alle anderen Ahnen kannten das Geheimnis der kleinen Dose – und ich kannte es nun auch: Gerade jetzt, da ich Großvater so schmerzlich vermisste, da er mir mehr fehlte als je, reihte sie mich ein in die Folge der Generationen. Die Umstände – Großvaters Tod – verrieten mir das „Geheimnis", von dem er gesprochen hatte: Ja, Tobias Laufers Porzellandose ist leer – aber hinter ihr standen und stehen die Briefe und Berichte aus Generationen unserer Vorfahren, Dokumente zur Familiengeschichte, die ich damals im Anwaltsbüro mit Hilfe von Großvaters Freund Jonas auch als meine Geschichte begriff – und die auch die Deine ist, mein lieber Sohn. Hast Du Dich nie gefragt, woher Du Deinen schönen Namen hast, Tobias? Deine Mutter und ich waren uns da schnell einig.

Es ist mir wie den Vorfahren ergangen: Auch sie haben Kriege, Verlust und Vertreibung, Not und Elend erfahren ... wie Jacob Mercier habe ich nie den eigenen Vater erlebt ... wie Gottlieb Laufer habe ich nie Vaters Grab gefunden. Aber trotz der Widrigkeiten des Lebens hat keiner der Vorfahren die Akte unterbrochen, und auch ich ergänze sie mit diesem Bericht über die Wechselfälle unseres Familienlebens und gebe sie weiter an Dich. Auch Du, mein geliebter Sohn, so hoffe ich, wirst sie eines Tages weitergeben.

Wie Du weißt, habe ich 1979 den Autounfall nur mit großem Glück überlebt. Wieder genesen, habe ich Dir die „geheimnisvolle" kleine Porzellandose geschenkt und das Testamentarische geregelt; die Akte wirst Du – den alten Spielregeln getreu – erst nach meinem Tod erhalten.

In letzter Zeit hab ich mich manchmal gefragt, ob Du das edle Erbstück mit den gekreuzten Schwertern überhaupt noch besitzt. Neulich, vor Deinem Besuch, habe ich das Album mit Deinen Jugendfotos zurechtgelegt; auf einem hat Deine Mutter festgehalten, wie verwundert Du damals in die leere Dose schaust, die Du behutsam in den Händen hältst – so verwundert wie ich an meinem vierzehnten Geburtstag.

Du hast gelacht, als Du aufs Foto gestoßen bist.

„Du und deine komische Dose", hast Du gesagt, „was für Geheimnisse wird die schon haben!"

„Heb sie gut auf, dann wird sie's dir verraten", hab ich geantwortet und an Deinen Urgroßvater gedacht.

„Na, da bin ich aber mal gespannt!", hast Du gesagt und Dich den Bildern von Dir und Deiner ersten Freundin zugewandt.

Novemberdrohung

Liebste, schau, die Nebel ziehn
schaurig übern Schlachtensee.
Liebste, lass uns heimwärts fliehn,
daheim, da lockt der Kandistee.

Dort zuhaus im Kuschelzimmer
machen wir uns beide lang,
unterm sanften Lampenschimmer
putz ich dir die Sternchen blank.

Krieg ich mein Schamanenschlückchen?
Bitte ganz, das Ritual!
Dafür rück ich dir ein Stückchen
dichter an dein Muttermal.

Magst du Sommersprossen zählen?
Auf Mongolisch dich vermählen?
Oder raubt Novemberfrust
dir zu solchem Spiel die Lust?

Liebste, komm, der Tag will gehn.
Sieh, am Hang die grauen Schatten!
Sollte ich dich heut nicht sehn
– dann geh und spiel ich mit den Ratten.

Mamis Engel

„Hallo Paps!“

„Hallo Paule! Schön, dass du pünktlich kommst, in zehn Minuten können wir essen.“

„Wat kochst'n Jutet? Lass ma kieken! – Pasta-Pasta, mhm!“

„Mittwochs immer, weißt du doch. Schaff erst mal deine Schultasche aus der Küche.“

… *du siehst, ich muss es ihm immer noch sagen…*

„Weil Ewa frei hat, und weil de nüscht andret kannst!“

„Ich arbeite daran. Außerdem willst du ja immer Spaghetti!“

„Klaro, mit scheen ville bröckelije Fleischsoose!“

... *‚Und nicht aus der Dose!‘, hab ich dich noch im Ohr ... wenigstens isst er wieder …*

„Paule, warst du heute früh auf der Waage?“

„Achtendreißig – unjekackt.“

„He! Mach mal halblang!! Außerdem ist das viel zu wenig für deine zwölf Jahre!“

„Macht'n janzet Kilo aus!“

„Angeber! Dreh bitte die Bolognese runter – die Stellung 2 reicht, rühr ab und zu um!"

… *‚Und lass dir von ihm helfen, Kurt!'* …

„Pass auf, dass dir der Glasdeckel nicht von der Ablage rutscht!"

„Ewa hat jesacht, du bist ooch ßu dünne: ‚Paule und Kurt, zwei schlanke Schlakse, die ich päppeln muss!', hat se jesacht! Ick lern se hochdeutsche Wörter – balinern will se nich."

„Ihr habt über mich geredet?!"

„Klaro, neulich, als se mir Jut Nacht jesacht hat. Morjen bringt se polnische Schinkenwurscht mit, und schlesischen Streuselkuchen mit jute Butter – hat se jesacht!"

„So hat sie's bestimmt nicht ‚jesacht'! Wie finden das eigentlich deine Lehrer, wenn du immer so berlinerst?"

„Balinern is dufte, Paps! Bleib cool – in't Jümnasium mach ick det doch nich!"

... glauben wir ihm das? ... am 13. ist Elterntag ... gleich brennt ihm die Bolognese an …

„Nimm die Bolognese vom Herd, die riecht fertig! Koste doch mal! Deck du den Tisch – ich muss auf die Spaghetti aufpassen. Hol die gläsernen Pasta-Teller."

„Ewa will imma die Toskana-Teller, die Mami in San Casciano gekauft hat."

„Okay, dann hol die bunten."

... weißt du noch, wie du sie erstanden hast ... nach dem Mittagessen auf der Terrasse der Cantinetta ... wo die schwere Operndiva aus New York was zum Besten gab? ... war die bei Stimme! Extra für dich hat sie ‚O sole mio' *geschmettert; im ganzen Val de Pesa klappten sie die Fensterläden aus. Luigi, der kurze, runde Luigi, rollte verzückt die Augen, reckte die gefalteten Hände zum Himmel: ‚La Pavarotta, lei canta di nuovo – ßie ßingte wieda!', jubelte er und ließ die Bediensteten Spalier stehen. ... Der arien-versessene Texaner hielt alle frei: ‚Isn't she great!' ... du warst so beschwingt, so voller Zuversicht. ‚Lasst uns was Schönes als Erinnerung kaufen!', hast du gesagt und Luigis bemalte Bauernteller gleich im Dutzend bestellt ...*

„Ick hab Ewas Servietten jefunden – die se aus Polen mitjebracht hat, die mit die Pfauenfamilie!"

„Wenn du meinst – "

... Ewa, immer Ewa, von dir spricht er gar nicht mehr ...

„Ewa hat Idealjewicht – stimmt's? Jröße in ßentimeter minus hundert."

„Dann weißt du ja, wie viel dir fehlt! – Was du so alles siehst!"

... bei dir hat das Gewicht auch immer gestimmt, nur am Ende nicht mehr ...

„Du doch ooch – jib's doch ßu!"

... und wenn, werd ich's ihm kaum auf die Nase binden ...

„Jeschieden is se – in Swubitsche hat se nur noch ne Mutter."

„Sie scheint dir ja viel zu erzählen!"

„Tut se. – Paps, wat is'n Liebe würklich?"

„Wirklich, Paule, ‚wirklich' – nicht ‚würklich'!"

„Weeste wohl nich!"

„Weiß ich wohl! Und du weißt es auch."

„Icke? Wieso weeß'n icke det!"

„Wenn du mich umarmst und nicht gleich wieder loslassen magst, dann ist das Liebe."

„Okay, Paps, denn lieb ick dir."

„So wie ich dich – ‚dich', Paule, nicht ‚dir'! – Ich gieß jetzt die Nudeln ab, klapp bitte das Fenster aus. Und wasch dir die Hände!"

„Ewa liebt mir ooch!"

„Was?? Wie willst du das denn wissen!"

„Weeß ick halt. Dir liebt se ooch: Wenn de nich kiekst, kiekt se!"

„Wasch dir endlich die Hände – die Spaghetti werden kalt!"

„Ick eile! Pasta-pasta, basta-basta, trallallalla!"

... du hast noch mit ihm geredet, stimmt's?! ‚Bleib nicht allein!', hast du mich beschworen, noch ganz zuletzt: ‚Denk an Paule! Er ist doch erst zehn! Und rede um Himmels willen Hochdeutsch mit ihm!', hast du gewitzelt und hager gelächelt ... soll ich mich von ihm anstecken lassen ... passen tät's ja, oder? ... wo er nur bleibt ...

„Paule, wo steckst du!"

„Ick komm ja schon! Siebnendreißig, jek... – sorry Paps, war nur'n Scherz. – Riecht echt jut, dein Fresschen!"

„Guten Appetit, Paule! – Sag mal, hat Mami noch mit dir über unsere Zukunft gesprochen?"

„Hat se."

... aha! ...

„Nun lass dir nicht alles aus der Nase ziehen – was hat sie gesagt?"

„Sie hat mir einen Engel mit schwarzen Locken versprochen, so lieb und so schön wie Mami war – vor dem Krebs."

„Das hat sie dir versprochen? ... Wann?"

„In't Hospiz – als de mal auf Klo warst."

... so schwarzgelockt wie du, mein Schatz, ... und dir so ähnlich ...

„Und du meinst, das ist Ewa?"

„Hat se schwarze Locken oder nich."

„Hat sie."

„Isse lieb und nett oder nich."

„Ist sie."

„Sieht se nich aus wie Mami?"

„Ein bisschen schon, ja."

„Na siehste, Paps!"

... und ich hab mich gewundert, wie schnell er Ewa ins Herz geschlossen hat ...

„Ich hab mich gewundert, als Ewa aus freien Stücken ankam und nach der Stelle als Haushälterin gefragt hat – wie kann sie gewusst haben, dass wir eine suchen?"

„War nich aus freien Stücken, Paps."

„??"

„Sie wollte bei Onkel Karsten als Sprechstundenhilfe anfangen – ha ick mitjekrigt."

„Und?"

„Onkel Karsten wollte lieber ne Deutsche – ick hab ihr jesagt, wir suchen ne Haushälterin."

... ob es Engel wirklich gibt ...

„Ob es Engel wirklich gibt, Paule?"

„Vielleicht nich, Paps – aber Ewa jibtet."

... der Bengel kommt nach dir, mein schöner Schatz! ...

„Haste Nachtisch, Paps?"

„Hilf mir abräumen – dann gibt's gezuckerte Erdbeeren mit viel Schlagsahne an geeistem Kaiserschmarrn!"

„Sowas kannst du?!"

„Ewa hat alles vorbereitet – ich brauche nur noch die Sahne zu schlagen."

„Voll geil, Paps! ... Bitte nich wieder Butter, Paps!"

Mutmaßungen

Stehen zwei, im Blick verloren,
staunend unterm Himmel, stumm.
Haben sich wohl grad erkoren,
sind sich noch ganz Publikum.

Stehen zwei, die Hand in Händen,
traumverwirrt am Waldwegrand.
Fragen wohl: Wie wird das enden
– sind wir noch recht bei Verstand?

Hören nicht auf den Verstand,
gehn den Weg, die zwei, ein Stück.
Stehn dann wieder Hand in Hand
– schwelgen gar im vagen Glück.

Mord verjährt nicht

„Ich hab sie erwischt!“, sagt der Ältere.

Eben noch schlurfte er gebeugt und ohne Kraft neben seinem Begleiter her, einem jugendlichen Schlaks. Jetzt streckt er den Rücken durch, richtet sich zu ganzer Größe auf. Gut fünfzig mag er sein. Seine Schritte werden fest – energisch schreitet er auf dem Kiesweg voran. Seine Augen nehmen den früheren Glanz an. Als sähe er alles zum ersten Mal, schweift sein Blick übers kahle Gelände und hinauf zu den Ziergiebeln der Gründerzeitbauten, verweilt bei den hohen Backsteinmauern, die das Anstaltsareal umschließen.

„Die beiden wollten mich für dumm verkaufen“, sagt er, klingt höhnisch, „aber ich hab sie erwischt! Niemand auf der großen weiten Welt geht ungestraft so mit mir um!“ Zufrieden reckt er das Kinn in die kalte Oktoberluft.

„Wie haben Sie das geschafft, Herr Anders?“, fragt der Jüngere.

Herr Anders bleibt stehen, schaut ihm ins Aknegesicht: „Sie sind noch so herrlich jung, Johannes“, sagt er, ringt sich ein Lächeln ab. „Sicher haben Sie die verwirrenden Verstrickungen der Liebe noch nicht erfahren, ... die Höllenqualen unerwiderter Leidenschaft, ... diese kindische Hörigkeit, ... diese verfluchte Versklavung durch die Bestie Weib!"

„Da haben Sie mir wohl etwas voraus", erwidert Johannes und blickt einmal mehr auf Herrn Anders' verbundene Handgelenke.

„Wie haben Sie die zwei denn ertappt?", hakt er nach.

„Ich bin doch nicht blöd!", sagt Herr Anders. „Ich hab ihnen für heidenmäßiges Geld einen Schnüffler auf den Hals gehetzt, dann bin ich nach Los Angeles – geschäftlich."

Aus dem Jackett holt er ein abgegriffenes Farbfoto hervor: „Hier, sehen Sie selbst! Marlene und der Nachbar Reimers beim Picknick am sonnigen Waldrand – idyllisch, nicht wahr! Mit mir wollte sie nie ins Gras: die Mücken, die Spinnen, die Ameisen, hieß es gleich – im Süden mussten die Skorpione herhalten! Sehen Sie sich doch ihren geschürzten Fummel an! Bei mir hat sie mit ihren Reizen immer nur gegeizt – jedenfalls nach der Heirat. Sie war einzig hinter meinem schönen Geld her!"

„Jetzt übertreiben Sie aber, Herr Anders. Ich seh's nicht so eng: Im Sommer ist so ein leichtes Kleid doch sehr praktisch – da laufen doch alle so herum!"

Herr Anders lässt sich nicht beirren, fuchtelt mit dem Foto: „Wie sie sich da eng und vertraulich um die Fressalien fläzen! Wie sie sich amüsieren, wie sie lachen! Lauthals lachen über mich – jawohl: Ich Tropf war doch der größte Witz in ihrem Leben! Dabei hatte ich das widerliche Geturtel doch schon längst durchschaut, die gierigen Blicke voll Einverständnis, das schleimige Getue, das kitschige Getuschel, sobald sie sich alleine wähnten."

„Irgendwie glücklich sehen sie schon aus", sagt Johannes, „aber ob sie wirklich über *Sie* lachen? Und doch nicht lauthals – sie freuen sich wohl auf eine deftige Brotzeit!"

„Nein, nein!", ereifert sich Herr Anders; der Glanz in seinen Augen steigert sich noch. „Von wegen Brotzeit!", zischt er, „die beiden sind doch eiligst dort hinten in den Büschen verschwunden! Aber gute Richtmikros leisten viel – ich bekam für mein Geld ein Tonband, das an Eindeutigkeit nichts zu wünschen übrig lässt! ... Er hat sie 'mein feuchtes Schnuckelchen' genannt, ... und was Marlene – meine Frau! – dem alles vorgestöhnt hat, dem scheinheiligen Herrn Nachbarn. ... Wenn Sie's nicht glauben: Die Beweise liegen wohlverwahrt in der Asservatenkammer der Münchner Kripo."

„Wann ist das alles passiert?", fragt Johannes und gibt Herrn Anders das Foto zurück.

„Vor neunzehn Jahren!" Listig sieht Herr Anders um sich. „Soll ich Ihnen verraten, wie ich dem ehebrecherischen Schweinigel den Garaus gemacht habe?", raunt er plötzlich.

Johannes' erschrockene Geste ignoriert er: „Der Mistkerl war ein verspielter Werkzeugnarr, kaufte sich beim Trödler eine uralte Bohrpistole, eine niedliche kleine Scintilla. Wahrlich ein schlechter Kauf – das Aluminiumgehäuse hatte noch keine Schutzisolation. Es war mir ein Leichtes, die stromführende Phase am Kippschalter zu lockern – während sie's mal wieder Gott weiß wie trieben! Danach war es nur eine Frage der Zeit, bis der zarte Herr Reimers am Wechselstrom zappelte und am flimmernden Herzen zu Tode kam – eine tragische, eine fatale Dummheit seinerseits!"

Oktoberabende kommen zeitig. Vom Portalturm schlägt es sechs.

„Das klingt ja wie Big Ben!", staunt Johannes. Herr Anders schüttelt sich vor Kichern: „Hier haben die wenigsten die Mahlzeiten so perfekt im Kopf wie ich, die meisten rannten zu jeder vollen Stunde; nun lädt mittags und abends Big Ben zu Tisch, von der Konserve natürlich!"

Sagt's und entfernt sich grußlos. Mit jedem Schritt fällt er ein wenig mehr zusammen, erscheint wieder müde – alt und kraftlos. Verliert sich bald im Haufen der befremdlich Versponnenen und hilflos Verwirrten, die überall auftauchen und einander unter Schubsen und Stammeln zum Speisesaal drängen.

„Na, Johannes, wie war Ihr erster Tag als Zivi?", fragt später der Stationsarzt: „Welche Mordversion hat Gerhard Anders Ihnen heute aufgetischt? Die angenagte Bremsleitung oder den gestampften Bambusbrei? Vergiftete Pilze oder zur Abwechslung mal wieder ganz was Neues?“ Die Fantasie von Borderline-Patienten kenne nun mal keine Grenzen.

„Der soll ein Mörder sein?“, sagt Johannes und schüttelt den Kopf.

Der Mediziner zuckt mit den Schultern: „Tatsache ist, dass der Nachbar Reimers sich beim Reinigen der Dachrinne das Genick gebrochen hat. Gerhard Anders ist krankhaft eifersüchtig; er hat damals nicht wirklich gestanden, machte sich nur manchmal wichtig mit der Andeutung, er habe die Sprossen der alten Holzleiter gelockert. Die kriminaltechnische Untersuchung hat das nicht bestätigt, seine täglich wechselnden Geständnisse gehören wohl eher ins Reich der Rachefantasien. Aber er hat kein Alibi, und so wurde lange und aufwändig gegen ihn ermittelt – bis er sich in seine Psychose flüchtete und hier in der geschlossenen Abteilung gelandet ist. Für ein Gerichtsverfahren haben die

Beweise letztlich nicht ausgereicht, aber er weigert sich zu gesunden – was ja wohl schwerwiegend gegen ihn spricht."

„Und seine Frau? Es gehörten doch zwei dazu!"

„Sie hat nie gegen ihn ausgesagt. ... Jedenfalls hat er sie leben und dann links liegen lassen – der Tod von Reimers schien ihm wohl die rechte Strafe für sie zu sein. Eine Scheidung hat er nicht gewollt. Noch heute erkundigt Marlene Anders sich regelmäßig nach ihm. Vor kurzem hat ihr der Chef zu Besuchen geraten, aus Therapiegründen. Ein gescheitertes Unterfangen: Anders hat das Gespräch mit seiner Frau rundweg abgelehnt – und sich nachts mit einer zertretenen Plastikschüssel die Pulsadern aufgerissen. Ein halbherziger Suizidversuch, zum wiederholten Male – er hält sich an seinem kranken Gemüt fest. Lieber betreute Verwahrung in der Psychiatrie als Wegschluss unter Schwerstverbrechern im Knast – er weiß: Mord verjährt in diesem Lande nie. ... Passen Sie gut auf ihn auf!"

Weihnachtliches Gliederklagen

George Grosz gewidmet

Es ist ein Kopf entsprungen
und lallt, die Zunge schwer:
Was uns die Alten sungen,
das hilft mir jetzt nicht mehr!

Es kommt ein Bein gegangen,
vereinzelt von der Schlacht:
Woran ich einst gehangen,
das hat jetzt stille Nacht!

Ein Leib ist weit geflogen,
befranst vom Bombenschlag:
Erstunken, dreist erlogen,
dass ich die Weihnacht mag;

stand nicht dereinst geschrieben:
Auf dass kann Friede sein,
sollst Du den Nachbarn lieben
mit Kopf *und* Bauch *und* Bein!

Den Leib, das Bein, den Kopf,
sie ficht es nicht mehr an:
Vergiss den alten Zopf,
die Mär vom Weihnachtsmann.

Sidney ... Singapur – mindestens

Zum Nachtzug nach Basel ... einsteigen, bitte!

Fast wäre Karl W. der Ansage gefolgt. Die Hand am Türgriff, den Fuß schon im Einstieg, schüttelt er plötzlich den Kopf und kehrt um, stößt auf den verständnislosen Unwillen der Nachdrängenden.

Nein – nicht die Bahn!

Am Tag wäre er wohl gefahren. Aber nachts herrschen eigene Gesetze. Die Nacht raubt dem Tag das Bunte und zeichnet Gegensätze schwarzweiß. Ungnädig entlarvt sie allen Selbstbetrug und schneidet trügerische Hoffnung zurück aufs nüchterne Maß. Karl W. starrt dem Zug nach, der aus dem verwaisten Bahnhof gleitet. Mit den Schlusslichtern entschwindet das sorgsam geplante Vorhaben, das ihn vielleicht gerettet hätte.

Er nimmt den Ausgang Richtung Innenstadt. Draußen krakeelen die nächtlichen Trinker, sie schwenken die Flaschen, grölen ihm trübhirnig ihre Weisheiten hinterher: He! Kumpel, was läufst du so krumm! Was kuckst du so mühsam und beladen!

Hier, nimm was von unserer Medizin, das wird dich kurieren. ... Dann hau doch ab, du Pinkel!

Nein, wiederholt er laut, nicht die Bahn! Seit der Kopfschmerz über ihn herfällt, immer wieder, hält er Selbstgespräche. Stammelt wie wirr vor sich hin und unterstreicht sich mit grotesken Gebärden. Stellt lauthals Fragen, die er flüsternd beantwortet, in befremdlichen Posen. Sprich mit dir, stachelt er sich an und umklammert die Stirn: Die Gedanken dringen nicht mehr durch. Denken ist nur noch wie Dunst. Nichts siehst du mehr klar, Karl! Sprich mit dir, Karl – wer redet, kann noch handeln!

Es ist deine Entscheidung, hat Ulrich gesagt, nach der Tomographie. Ulrich, der Experte, der es wissen muss. Der Tumor muss raus, dann hast du wenigstens eine Chance. ... Ich bahne dir einen Kontakt nach Aarau, dort sitzen exzellente Neurochirurgen, vielleicht können sie dir helfen.

Nein, nicht die Schweiz, nicht nach Aarau! In Aarau wartet der grüne Mummenschanz mit den spitzen Sonden ... in Aarau sirren die Schneidgeräte von Ulrichs Kollegen ... weidet sich die Studentenmeute an der kranken Masse unter dem Loch in deinem Schädel. ... Nein, nicht die grelle Schweiz!

Mit Glioblastomen ist nicht zu spaßen, hat Ulrich gesagt, als das Ergebnis der Gewebeproben kam.

Ein hässliches Ergebnis ... aber keine OP, nicht unters Messer! Flieg einfach weg, Karl, ... flieg weit weg, Karl, ... Sidney ... Singapur – mindestens.

Erinnere dich: Fliegen war doch immer dein Traum, hattest ja lange diese Flugträume. Mit kraftvollen Schwimmbewegungen hast du dich von der Erde gelöst und herrliche Höhen erreicht. ... Über Dächern und Bäumen war's ein seliges Gleiten, mit Bussard und Milan über flirrenden Mustern aus heugrünen Wiesen und blühendem Raps ... über Herbstwäldern, die der erste Frost gefärbt hat ... über endlosem Weiß. ... Seeadler kreisten, zeigten dir blinkende Fischleiber, auf die sie sich jäh hinabstürzten. ... Hoch über den Städten umschwärmten dich Mauersegler, pfeilschnelle Jäger, der blauen Weite so sehr hingegeben, dass sie selbst den Schlaf noch im Flug besorgen; taumelig vom luftigen Treiben landen sie auf verkümmerten Beinen nur zur Brut – oder im Tod. Bist mit ihnen südwärts gezogen, über die Sahara bis runter zum Sambesi. ... Seine Majestät, der Kondor, nahm sich deiner großmütig an. Willst du mein Freund sein, hast du gefragt – er hat dich heil über die Anden geleitet. Flog mit dir zu den patagonischen Pampas, zu den sommerbunten Tundren Feuerlands – so wie du sie im Kino gesehen hast, immer wieder. Es soll nie aufhören, hast du gefleht, inniglich.

Dann führte dich dein Vater in den Volkspark und zeigte dir das Lilienthaldenkmal: Schau, wie er dort oben steht, Karl, ... ein aufrechter Mensch in geschlossener Haltung, die Brust frei, den Kopf stolz erhoben, den Blick gen Süden – er erwartet die Sonne im Zenit! Mens sana in corpore sano, Karl. Merk dir das, Karl! Sieht er nicht aus wie Ikaros, der gleich abheben wird! Wie Ikaros, der seinem Vater Dädalos nicht gehorcht hat und so hoch flog, dass ihm die Sonne die Flügel schmolz! Ins Meer ist er gestürzt und ertrunken, elendig – merk dir das, Karl!

Er wollte doch nur schön hoch fliegen, hast du ihn verteidigt.

Untersteh dich, drohte dein Vater.

Du hast es dir gemerkt, Karl. Träume fanden fortan nur noch im Saale statt, gedeckelt und farblos – Traummauern, die du nie mehr durchstoßen hast.

Aus Trotz hast du nicht nach dem Latein gefragt. Aber abends bist du in den Park geschlichen, hast die Statue ergründet, die alle nur Lili nennen. Hast dich hingestellt, wie Lili steht: die nackten Füße flach auf dem Untergrund, den Körper aufrecht, Kraft in allen Muskeln, den Kopf erhoben, Blick zum Zenit – jedenfalls dorthin, wo du ihn vermutet hast. Da schien etwas mit dir zu geschehen – etwas, das dein gebildeter Vater wohl nicht gemeint hat: Wenn die Kraft nachließ, wenn du die Spannung aus dem Körper nahmst, locker wurdest, öffneten sich die Fußsohlen, und aus der Tiefe strömte ein betörendes Wohlgefühl ein, hat dich durchflutet wie ein inneres Streicheln, hat dir die Wirbelsäule gestreckt, ist dir sanft durch Nacken und Schädel geflossen, bis es mitten über deinem Kopf wieder verschwand. Das also war's: mens sana in corpore sano.

Hast fortan dein Doppelleben gehabt: Äußerlich hast du den Dingen des Lebens recht und schlecht Genüge getan, aber im Inneren warst du ergriffen von der Sehnsucht nach diesem wundersamen Strömen, in dem die Sinne so mühelos schwelgen, während es den Verstand so hart und unerbittlich in seine Grenzen verweist. Bald warst du wie süchtig nach dem wohligen Nebel; immer wieder hast du dich hingestellt und dir den Zustand verschafft, der dich so fraglos barg und so selig berauschte – du musstest die Augen öffnen, um nicht vor Schwindel hinzuschlagen.

Kuckt euch den Spinner an, riefen die anderen, er steht wie Lili! Da hattest du deinen Namen weg: Lili, stell dich hin wie Lili! feixten sie und äfften dich nach, standen um dich herum mit hängendem Steiß und gespreizten Knien, schnitten Gesichter.

So werdet ihr's nie erfahren! hast du deine kostbare Entdeckung verteidigt.

Ich sag's dir, wie es ist, hat Ulrich gesagt. Ulrich, der Schulfreund. Ulrich, der Experte, der es weiß. Du wirst jahrelang Rekonvaleszent sein ... wirst eine aggressive und kräftezehrende Chemo brauchen ... mit regelmäßigen Gewebeentnahmen ... wirst lange nicht arbeiten können. Ausfälle werden auftreten, in den Sinneswahrnehmungen, bei Sprache und Mobilität, aber das Gehirn ist ein erstaunliches Organ, ein Hirnverletzter kann vieles neu erlernen – denk an Dutschke.

Du hast nach deiner Chance gefragt.

Statistisch lebt nach fünf Jahren von zehnen vielleicht noch einer. Manchmal gibt es Wunder – aber ausschließen kann man natürlich nichts. Wir gehen jetzt auf die fünfzig zu, da sollte man seine Angelegenheiten so langsam geregelt haben – ich war schon vor Wochen in Babettes Notariat.

Er sagte ‚vielleicht', wollte dich schonen ...

Denk ans Fliegen.

Denk dran, wie Jan es dir beigebracht hat, einst im Columbus-Bad. Jan, der braungebrannte Seemann auf Landurlaub, mit der Meerjungfrau auf dem Bizeps, die er so schön hüpfen ließ.

Hab keine Angst, sagte er und nahm dich mit auf den Zehnerturm.

Kuckt euch den Lili an, lästerten weit unten die anderen: Jetzt will er fliegen wie Lili!

Jan machte es dir vor, sprang wohl ein Dutzend Mal. Hab keine Angst, entspann dich. ... Schau mir zu, es ist ganz einfach! ... Du kannst es!

Mach es mir nach, rief er schließlich, schüttelte sich das Wasser aus dem Ohr. Lauf einfach los! Lauf doll, lauf jetzt! Spring! Spring im Bogen, hoch und weit, ... streng dich an – du schaffst es!

Von ganz hinten bist du gestartet, hast dich am Geländer der Turmtreppe in Schwung gezogen und bist auf dem kratzigen Beton gewetzt, was das Zeug hielt; bist hoch und weit gesprungen, kopfüber im Hecht; bist gesegelt wie Jan, mit weit ausgebreiteten Armen auf flachen Händen, hast dich im Sinken gerade gehalten, den Rücken ganz lang, Beine und Füße ganz gestreckt! Hast die

Hände erst vor den Kopf genommen, als das harte Wasser kam – bist eingetaucht fast ohne Spritzer.

Lili hat's gebracht! johlten die selbsternannten Schiedsrichter am Beckenrand – waren sich einig: Lili ist der Beste!

Einmal, am letzten Tag, sprang Jan aus dem Stand. Die Füße vorn am Turmrand, stand er lange. Stand ruhig und gerade, mit erhobenem Blick – stand wie Lili steht!

Er kennt es, hat es in dir gejubelt – endlich einer, der das Strömen kennt! Mühelos sprang er in leichtem Bogen und tauchte ein ganz ohne Spritzer, ein makelloser Sprung.

Kriegst du das Strömen mit in den Flug? wolltest du wissen.

Manchmal – ich arbeite dran. Woher kennst du's denn?

Von Lili, hast du gesagt und bist mit ihm zum Denkmal gegangen.

Ja, sagte Jan, der Skulpteur hat's gekannt.

Kaum einer kennt's.

Jeder kann sich's holen.

Wie schaffst du's beim Fliegen?

Trainier den Sprung bis die Angst weg ist, bis er sicher ist und von alleine passiert. Stell dich gut hin, außen gerade und lang – innen sanft und offen. Warte bis das Strömen kommt, dann lass den Sprung geschehen – mach selber nichts. Aber knall nicht auf die Nieren!

Wo fahrt ihr hin? hast du noch gefragt.

Er lachte. Sidney ... Singapur – mindestens!

Kommst du wieder, Jan, hast du gefragt und seinen Blick gesucht.

Vielleicht, sagte er und sah der Meerjungfrau zu, die auf seinem Bizeps tanzte. Wer ‚vielleicht' sagt, will dich schonen. ... Vielleicht im nächsten Jahr – mach weiter, Lili, arbeite dran. Spring und flieg. Du hast Talent, du kannst es.

Du hast geübt, viele Sommer lang. Der Sprung aus dem Stand gelang besser und besser, fast perfekt; aber nie hat dich die Angst verlassen. Flieg nicht zu hoch, Ikaros, merk dir das! Der wohlige Nebel, das streichelnde Strömen, das du dir am Boden so mühelos verschaffen konntest – oben auf dem Turm hast du es nicht hingekriegt. Angst ist ein schlechter Lehrmeister, hätte Jan gesagt. Jan, der Meister der angstfreien Flugtechnik, der in deinem Leben nie mehr aufgetaucht ist.

Aber dir blieb die Bodentechnik – auch das war Glück und Seligkeit.

Jedenfalls bis der Schmerz im Schädel kam – jetzt ist der innere Nebel von anderer Art.

Was soll dich hier noch halten!

Du bist und bleibst eine langweilige Prokuristenseele, fasste Vera das Dutzend gemeinsamer Jahre zusammen, zog davon mit einem ihrer betuchten Galeriekunden.

Zum Glück hast du mich nicht mit Kindern belastet, hast du's ihr zurückgegeben, das erleichtert mir die Scheidung!

Hast nichts Festes mehr gewollt – hast dich anders arrangiert. Hattest ja noch dein Talent: das herrliche Strömen aus dem tiefsten Grund, das dir Gleichmut gab im alltäglichen Ungemach, das dich entschädigte für die Widrigkeiten des Lebens. Fürs Schummrige hast du dir Rosi gesucht. Rosi aus der Dachgartenbar vom „Bella Vista“ – ist es nicht romantisch bei mir, Karl, so hoch über der nächtlichen Stadt? Rosi, die ihre Tage verschläft – Rosi mit der blassen Haut unterm Make-up. Rosi, die dir Augen macht und dir großzügig einschenkt. Dich mit nach Hause nimmt, wenn du's brauchst.

Warum willst du alleinbleiben, Karl?

Ach Rosi, liebste Rosi, ein frei stehender Baum entfaltet ganz eigene Pracht.

Komm her, du komischer Guru, hat sie gesagt, als du mit dem Befund ankamst, schlang dir die nachtweißen Beine um den Leib.

Alles war okay. Hast das Leben gehabt, wie du‘s wolltest. Manchmal angstbeladen – gib's doch zu –, aber nie warst du so seelenfriedlich wie in den letzten Jahren. Was auch immer geschah: Du hast es gleichmütig begrüßt oder gelassen betrauert – alles eine Spielart von sanftem Glück. Bis der Kopfschmerz kam, jener ganz andere Nebel, der dich von dir trennt, der dich aus deinem Körper drängt, der keinen Raum mehr lässt für das eigene Leben – der dir für immer das Strömen nahm.

Aus und vorbei – passé! Forever gone ... glaub es dir!

Aarau? Das größere Übel – ein riskanter Abstieg in die klippenreiche Nebelschlucht. Sinnesausfälle, scheibchenweise Selbstverlust, palliative Ich-Ferne und grassierende Verblödung – am Ende dann der Absturz, so oder so.

Du hast doch eine Vielleichtchance, sagte Rosi, flehte fast: Du hast doch mich, Karl!

Ach Rosi, nach fünf Qualjahren von zehnen nur noch einer. Ach Rosi ... Rosi, tu es dir nicht an und lass mir mein Gesicht.

Hast alles geregelt.

Nur für alle Fälle, Babette – nur wegen der OP.

Du kleinmütige Prokuristenseele – dass ich nicht lache: Zehn Prozent für Rosi, den Rest für Afrika!

Wirklich den ganzen beachtlichen Rest?

Ja, Babette – für die Aids-Waisen am Sambesi, nur wegen der OP, Babette.

Mach keine Dummheit, Karl – fahr nach Aarau, Karl! Brachte die Urkunde selbst ... umarmte dich, bevor sie ging.

Bloß nicht Aarau!

Fliegen ist keine Dummheit – das war es nie, Dädalos! Aarau ist dumm. Jammer nicht, Ikaros, reiß dich zusammen, mach's wenigstens richtig.

Der Dachgarten vom „Bella Vista" – das Tor zum Gang hinter Rosis Bar, das Tor im Freien, das sie nie abschließen – der Gang bei den Ventilatoren, die aus der Tiefe dröhnen – am Ende die Mauer mit den Mobilfunkkraken, die man vom Parkplatz aus sieht: die Mauer, kaum brusthoch – dahinter nur noch das Stück Glasdach, das nicht trägt – zuletzt die Dachkante: zu weit weg für einen Hecht aus dem Stand von der Mauer.

Ein saugender Kanal: Das Tor – der lange Gang – die Mauer – das Glasdach – dann nur noch über die Kante ... so wird es gehen.

Noch kannst du's, Karl! Raff dich auf, Karl – noch hast du Kraft. Kaum eins-zwanzig hoch, kaum zwei-fünfzig weit: kopfüber im Hecht – so schaffst du's!

Denk an Jan. Hab keine Angst. Lauf! Lauf doll, streng dich an, spring hoch und weit, nur diesmal noch – jeder kann sich's holen!

Lili, denk an Lili! Mens sana in corpore sano. Flieg! Flieg jetzt. Jetzt!

Karl W. startet von ganz hinten, zieht sich am Torrahmen in Schwung und rennt los. Rennt um sein gehabtes Leben und springt. Springt und fliegt, schafft eins-zwanzig hoch und zwei-fünfzig weit. Segelt mit weiten Armen und gleitet auf flachen Händen in den gähnenden Nachtschlund. Flieg, Lili, flieg! – denk nicht an den hässlichen Schlag.

das letzte wort

dein haar so wirr
als wärs gezaust vom morgenwind

dein blick so fern
– augen ohne glanz und ziel

so fahl die hand
die gestern mich noch koste

dein mund erstarrt
in jenem letzten, weichen wort

Calcutta kann es nicht gewesen sein

Was fängt ein betagter Misanthrop mit einem trüben Sommertag an? Er packt die Gelegenheit beim Schopf und spaziert! Am liebsten am nördlichen Stadtrand – dort ist dann wenig Volk unterwegs.

Hinter Lübars weiten sich die Auenwiesen vom Tegeler Fließ, erlenbesäumt, Stunde um Stunde. Die Kiefernwälder rund um den Poloplatz hatte ich jüngst für mich allein, auch den versteckten Waldsee. Hier bleib ich heut, dachte ich bei mir. Ein beschaulicher Spaziergang in ungestörter Natur! Ein philosophischer Nachmittag mit mir allein, so recht nach meinem Geschmack: Dem Kern der Dinge denkend nahe sein – und mich der sanften Trauer überlassen, die ihren Quell im unbestechlichen Blick aufs Dasein hat. Da fiel mir der Klempner ein. Firma Gräffe, Freitag, 14 Uhr, jährliche Wartung der Kombitherme. Freitag war's, halb elf, und die Gastherme hängt daheim an meiner Küchenwand.

Nur nicht gleich aufgeben! Wozu gibt es den Hauswart? Soll er mal was tun fürs Geld – steht eh dauernd rum und gafft. Kennt und sieht alle und jeden. Morjen, Herr Poggenpohl – ein trüber Tag heute, nich wahr! Juten Tag noch, Frau Breitmeyer-Sachtenbrink – melden Se sich, wenn Se mal wat brauchen! Spielt sich auf, weil er den Generalschlüssel hat – den kann er ja heute mal für mich benutzen.

Handys lehne ich ab – ich telefoniere nur, wenn es unbedingt sein muss –, aber Frohnau war nicht weit. Zufrieden machte ich mich auf die Suche nach einer Telefonzelle, um die hinderliche Angelegenheit zu regeln.

An einem dieser nackten Telekom-Pfähle drehte mir eine schmale schwarzhaarige Frau den Rücken zu. Im Eifer des Telefonats wippte sie auf den Zehen und wiegte sich hin und her. Hehre Gedanken hatte ich fassen und festhalten wollen, Bleibendes über das Leben schlechthin. Jetzt stand ich da und belauschte das vertrauliche Gespräch einer jungen Frau, ließ meinen Blick auf ihrem Rücken wandern, ließ mich an längst Verlorenes erinnern. Eine Art von Enttäuschung machte sich breit – eine sehr irdische Trauer, eher unsanft und unbequem. Wie Traurigkeit halt ausfällt, wenn sie beschämender Selbsterkenntnis entstammt.

Sie sprach schnell und undeutlich – als hätte sie Schmerzen. Verhaspelte sich ein paar Mal.

Aber was redete sie denn da!

„Ein toller Sommer hier auf den Balearen ... sucht er mich? ... dachte ich mir ... Adresse kriegst du besser nicht ... suche hier Arbeit ... vielleicht Reisebüro ... ja, vielleicht Kellnerin ... ich ruf dich wieder an."

Dann drehte sie sich um. Ihre Sonnenbrille war riesig, aber sie verdeckte die zwei Veilchen nur schlecht. Die linke Mundhälfte war geschwollen und rostrot vom Jod. Über den Brauen klebten hautfarbene Pflaster. Sie nahm die Brille ab, und aus verquollenen Höhlen musterten mich zwei blutunterlaufene Augäpfel.

„Bitte helfen Sie mir!", bat sie. „Ich bin Lisa Lind. Wenn mein Mann mich findet, schlägt er mich tot. Ich bin ihm nur knapp entkommen."

Ich starrte sie nur an. Achtzehn mochte sie sein, vielleicht etwas jünger – schwer zu schätzen beim Zustand ihres Gesichts. Sie sprach hastig auf mich ein, nuschelte wegen der Lippe:

„Ich hab mich im Buddhistischen Tempel verkrochen, zwei Tage lang. Heute Morgen haben mich die Mönche erwischt. Zuerst wollten sie die Cops holen, aber dann haben sie mir Salbe und Pflaster gegeben. Mein Rucksack ist noch dort – heute Abend muss ich weg sein."

Ich war dermaßen perplex, dass ich mit ihr zum Kloster ging.

„Sie könnten mein alter Herr sein", sagte sie und hängte sich traulich bei mir ein.

„Eher der Großvater", entgegnete ich.

„Vater reicht", sagte sie, verschenkte ein schiefes Lächeln.

Als wir Frohnau durchquerten, sah sie sich immer wieder um, hielt ängstlich Ausschau nach großen Passanten:

„Mein Mann ist dreißig und eins-neunzig hoch." Lisa Lind ist eher klein und zierlich.

Hundertvierzig Stufen bis rauf zum Tempel – sie leichten Fußes vorneweg, ich gemächlich mit dem pittoresken Steingarten beschäftigt. Oben öffnete uns ein gelb-violetter Mönch, hielt ihr den Rucksack hin. Er fragte nichts, sagte nichts, schüttelte nicht das geschorene Haupt. Nur sein Blick, er pendelte zwischen Lisa Lind und mir hin und her.

„Ich will mich noch im Tempel bedanken“, sagte sie. „Ziehen Sie die Schuhe aus!“

Auf einer Woge aus Sommersträußen thronte ein versunkener Buddha – bestimmt eins-neunzig hoch. In seinem Goldlack spiegelte sich Kerzenschein, der vom Türwind flackerte. Butzenfenster unterm Dach gaben nur spärlich Licht. Im Gebälk und von den Wänden hingen lange, farbige Stoffbahnen, einmal quer durch den Tuschkasten. Im Raum verstreut luden Polsterkissen zum Sitzen ein, auf den Teppichen lief es sich angenehm. Lisa Lind hatte mich im Auge – Lisa hatte mich dauernd im Auge. Obwohl wir alleine waren, flüsterte sie.

„Die Fahnen sind zu seiner Ehre … weil er zu allen so barmherzig ist.“ Sie angelte hinter der Statue nach einem Kleiderbündel und ließ es im Rucksack verschwinden, verschnürte ihn gut.

„Haben Sie etwas Kleingeld dabei?", fragte sie. „Wir wollen opfern."

Wer will schon auf der Reise ins Nirwana einem barmherzigen Buddha den Wegzoll verweigern – ich hielt ihr hin, was ich an Münzen besaß.

„Das wird reichen", sagte sie, pickte die Euro-Stücke raus und gab sie zu den Cents ins Spendenkästchen. Dann zeigte sie auf die brennenden Kerzen und drückte mir ein Bund Räucherstäbchen in die Hand, nahm selber reichlich. Es dauerte eine Weile, bis wir sie alle entzündet und verteilt hatten, im Sandbett zu Buddhas Füßen. Lisa ging geradezu andächtig vor, ließ sich viel Zeit, zerwinkte ab und an die Kringelwölkchen, die aufstiegen bis ins Gebälk. Bald war der Tempel erfüllt von einem durchdringenden Gemisch aus Weihrauch und Sandelholz. Als sie mit unserem Werk zufrieden war, legte sie vor der Brust die Handflächen aufeinander und verbeugte sich artig vor dem prangenden Sinnbild aller Versenkung.

„Verstecken Sie mich“, bat sie, „nur für ein paar Tage ... bis es etwas abgeheilt ist.“

Dann ließ sie sich auf einem der Kissen nieder, verfaltete höchst akrobatisch die Beine und versank – tat es dem edlen Buddha gleich. Als sie so da saß, Lichtjahre entfernt von mir und meinem Leben, noch so jung und schon so geschunden, von wem und von was auch immer, da befiel mich jener tröstliche Zustand, in dem sich das Verlorene so sanft betrauern und das Unerfüllbare so weise bespötteln lässt.

Wie hätte ich es ihr abschlagen können.

Drei Tage lang hat sie meine Wohnung nicht verlassen. Schickte mich morgens nach Croissants und in die Apotheke, pflegte behutsam ihre Blessuren. Sprach kaum, kramte meine CDs durch und sah lieber fern. Sie lobte meine Kochkünste und aß nur wenig. Abends trank sie mit mir Rotwein, aber sie blieb nervös und fuhr bei jedem Geräusch gleich zusammen, entschuldigte sich: „Ich hab ihn treten müssen um wegzukommen – dahin, wo es weh tut. Er darf mich nicht kriegen, auf keinen Fall.“

Den Rucksack ließ sie nicht aus den Augen, nahm ihn sogar mit ins Badezimmer.

„Frauensache – geht Sie nichts an!“, sagte sie ohne rot zu werden. Wenn sie zurückkam, war sie ruhiger. Frauensache hatte nicht auf meinem Einkaufszettel gestanden.

„Heute muss ich Sie verlassen“, sagte sie gestern früh und gab mir den Schlüssel zu einem Schließfach im Hauptbahnhof.

„Dort hab ich meine Papiere versteckt; bitte ... ich trau mich noch nicht ... ich warte hier ... bitte.“

Als ich das Fach 171 aufschloss, spürte ich einen punktförmigen Druck im Genick. Ich wusste gleich: da ist einer dreißig alt und eins-neunzig hoch. Ein großer schwarzer Handschuh langte an mir vorbei und griff nach einem kleinen weißen Päckchen.

„Wo ist der Rest?“, zischte es hinter mir, „das sind nicht mal hundert Gramm; die verdammte Göre will das ganze Kilo für sich! Wo steckt das Aas?“

Was hätte ich alter Mann denn tun sollen. Die spitze Wölbung in seinem Anorak ließ mir keine Wahl; ich musste ihn mit in die Wohnung nehmen.

Aber Lisa muss es gewusst haben – Lisa war weg, ihr sorgsam gehüteter Rucksack auch.

Dem Hünen blieb nicht viel Zeit, meine Wohnung zu durchsuchen. Die Polizeisirene, die schnell näher kam, hatten wir wohl beide nicht erwartet. Bevor er türmte, wurde er grob.

„Sie werden doch einen alten Mann nicht etwa schlagen wollen!", sagte ich noch.

Jetzt liege ich mit zwei gebrochenen Rippen im Franziskushospital. Die Drogenfahnder waren schon hier; in meiner Wohnung haben sie Kokainstaub gefunden, reichlich, vor allem im Badezimmer – Kunststück.

Ich habe ihnen eine Beschreibung des Mistkerls geliefert. Ich habe sehr sorgfältige und ausführliche Angaben gemacht.

Lisa war es nicht, die mir die Polizei zu Hilfe geschickt hat – der Hauswart war's, Herr Kuhn. Er wurde misstrauisch, als mich der Unbekannte ins Haus bugsiert hat – ich hab ja so gut wie nie Gäste; das hat mich wohl vor Schlimmerem bewahrt.

„Gleich besucht Sie Herr Kuhn“, hat Schwester Angela gesagt – das passt: Um halb zwei kommt der Polizeiporträtist mit dem Laptop. Wir werden den Mistkerl schon kriegen.

Aber eigentlich sind sie hinter Lisa her.

„Ich bin mir nicht sicher“, habe ich gesagt, als mir Kommissar Röber das Fahndungsfoto zeigte, „sie war ja so entstellt.“ Mein Brustkorb ist wahrlich in keinem guten Zustand, ich fand Herrn Röber sehr verständnisvoll.

Er hat mich aufgeklärt: In Wirklichkeit heiße sie Karin Eder, sie sei ledig und stamme aus Duisburg. Ihre Eltern hätten sie schon vor Jahren als vermisst gemeldet. Inzwischen deale sie in halb Europa, zuletzt habe sie sich abwechselnd in Holland und in Dänemark herumgetrieben. Was ich denn von ihr wisse:

„Erzählen Sie doch mal in aller Ruhe!“

„Ich bin alt und habe nicht viel mitgekriegt“, hab ich geantwortet. Im Grunde wisse ich nur wenig. Die junge Frau sei sehr ängstlich und sehr nervös gewesen und habe kaum gesprochen. Sie habe mir halt leid getan, so zugerichtet wie sie war … man sei ja kein Unmensch.

„Wer weiß, ob sie überhaupt fort ist", sagte ich noch.

Den Rucksack hab ich nicht erwähnt – hab ich doch glatt vergessen, muss wohl was für die Durchblutung tun.

Unter uns gesagt: Einmal hat Lisa ein Fluchtziel erwähnt, abends beim Wein, ... aber ich kann mich nicht mehr erinnern, beim allerbesten Willen nicht – nun ja, das Alter, ich sagte es schon. ... Nannte sie Canada? ... Nein, es muss eine Stadt gewesen sein – eine Stadt vorn mit C. Calgary vielleicht ... oder Canterbury? ... Nein, nein ...

Auch Calcutta Cannes nicht gewesen sein …

Erkenntnis im meditativen Abseits

Neulich war's, so kurz nach acht,
hatte mich eben aufgemacht:
saß so stille vor mich hin
mit *Nichts* in Händen, *Nichts* im Sinn

Nichts … Nichts … Nichts
Nichts. Nichts! Nichts!? Nichts?
Da kam dies Wesen angeschwebt
und hat mir den Verstand verwebt:

Zuerst war's nur ein Lippendruck,
doch gleich darauf ein Körperruck
gefolgt von einem Gliederzuck
– glaub mir: mir blieb die Specke wug!

Da hab ich herzhaft aufgelacht,
hab meine Beine lang gemacht
und hab dabei recht klar gefühlt,
wie listig doch das Leben spült.